Fatalidades y Alegrías

un relato autobiográfico

Anne Badillo López

Copyright © 2025

FATALIDADES Y ALEGRÍAS: UN RELATO AUTOBIOGRÁFICO
© Anne Badillo López

⚠ Derechos reservados

Reservados todos los derechos. Prohibida la reproducción total o parcial, ni su incorporación a cualquier sistema informático, por cualquier medio técnico, mecánico, fotocopia, fotográfico o electrónico sin previo permiso escrito por parte del autor.
Publicaciones Puertorriqueñas actúa como impresor y no se responsabiliza ni se solidariza necesariamente con el contenido ni con cualquier otro derecho de autor que pudiera estar relacionado con esta obra.

ISBN 978-1-62537-796-8

Editor: Andrés Palomares
Arte y diseño: Eva Gotay Pastrana

Fotos:
Anthony Flores-Estilista (787) 239-9241
Photography Video Services (787) 444-4850

Producido e impreso en:
Publicaciones Puertorriqueñas, Inc.
1580 Ave. Ponce de León
Urbanización Caribe
San Juan, Puerto Rico 00926

Derechos de Autor
La Ley de Derechos de Autor (Título 17, Código de los Estados Unidos) controla el fotocopiar u otras formas de reproducción de material con Derechos de Autor.
Sección 107: Limitaciones en el derecho exclusivo: Uso justo - punto 4 - Se señala que de haber un efecto sobre el mercado potencial o el valor del trabajo con derechos de autor se estará violentando la ley.
Sección 108: Limitaciones en el derecho exclusivo: Reproducción por las bibliotecas y archivos - inciso G: El derecho de reproducción y distribución se extiende a la reproducción o distribución aislada y sin relación a una sola copia del mismo material en ocasiones separadas, pero no se extiende a los casos donde la biblioteca o los archivos, o su empleado reproduce o distribuye sistemáticamente copias solas o múltiples.

Índice

Dedicatoria 5

Prólogo 6

Odio gestado en el vientre 9

¿Vínculos familiares? 13

Amores que matan 16

La casa de los mil demonios 19

La libertad no es negociable 25

El camino a la huida 38

Solo la muerte la salvaría 45

La primera de muchas bodas 50

Un costoso secreto 56

Juanita 59

Ciclos de condena 63

La segunda huida 69

Gilbert 74

Khalid, un gran error 82

Rey, decesos y el fin de una era 91

Franklin 111

De una tragedia a una esperada confesión ... 125

Ciclos enfermizos 129

El regreso de un viejo amigo 135

Otro amor que regresó 139

Vueltas y más vueltas 148

Fernando 153

El síndrome que me aqueja 163

De cara al futuro 168

Dedicatoria

Dedico estas memorias a mi abuela, a mis hijos, a mi esposo, a toda víctima de violencia doméstica y a quienes viven con el síndrome de cauda equina.

Mis hijos

Prólogo

La casa de mi niñez todavía conserva el olor a sangre. Allí no fluye el aire, es como tierra estéril. Perdura el terror y solo quedan los vestigios del miedo paralizante que rigió nuestros días durante largos años. Vivir en esa casa era sentirse ahogada en un mar de pánico y odio. Una visita reciente a estas ruinas del pasado reafirmó el deseo de contar mi historia antes de que la enfermedad me arrebate los recuerdos o reclame mi cuerpo. Mi vida se limita a la página de la desgracia, he recorrido cada una de sus letras. Se me ha ido la vida esperando respuestas que siempre estuvieron a simple vista. Aprendí desde temprano que la fortuna y la desgracia tienen el mismo rostro, o al menos para mí es imposible distinguirlas. Si bien he logrado encontrar resquicios de luz en la oscuridad, lo cierto es que la fatalidad me acompaña desde antes de nacer.

Una vez escuché que la vida es como un rompecabezas... tanto nuestros mejores recuerdos como las experiencias fatídicas que aún nos pesan son piezas irremplazables de la vida. Un vestido dañado, la mancha de una tinta roja, un momento íntimo en la playa, una estrella en el cielo con tu nombre, tu artista favorito, sueños que no se realizaron, romances fallidos, personas que se alejaron y las que ya se han ido, todo compone mi ser.

En este cruel y único mundo que he conocido, me he topado con gente maravillosa y también con la inhumanidad personificada. He caminado por senderos oscuros y, sin darme cuenta, arrastré conmigo a mis hijos, mis seres más amados, a quienes amo más que a mí misma. Aunque expuse mi vida para traerlos al mundo, sufrieron por mi forma de ser. Cargaré esta culpa con desbordante arrepentimiento hasta el último día, pero sigo siendo como he sido siempre: egoísta, sumamente rencorosa, vengativa y acaparadora. No me gusta compartir nada. Reconozco que no es bueno ser así y mi carácter me ha pasado factura, pero no me siento capaz de cambiar. Soy quien soy sin importar los desaciertos y tragedias resultantes.

Mi relato no es de superación, transformación ni mucho menos de fantasía. Tampoco lo cuento con la intención de obtener compasión o empatía. Es la historia de un ser humano que vivió a la ligera, bailó con el fuego y se quemó; la realidad de una mujer que desde el nacimiento ha tenido que luchar por su vida, felicidad y serenidad. Desconozco si tengo virtudes porque son tantos los defectos, pero sí estoy segura de que mi mayor falta fue contra mis hijos. Deseo que esta historia sirva como un legado, que quienes la lean puedan aprender de mis errores y actuar con valentía. Fui cobarde y muchas han sido las angustias que he infligido y cosechado gracias a ello.

Odio gestado en el vientre

Mi llegada al mundo no fue grata ni bienvenida en la familia que me vio nacer. Solo mi abuela sabía que Juanita, mi madre biológica, estaba embarazada a los dieciséis años. Estoy convencida de que me heredó los peores genes de la familia. Si bien es cierto que soy egoísta, rencorosa y vengativa, mi madre me llevaba una gran ventaja. Nunca me quiso, así que la responsabilidad de criarme recayó sobre mis abuelos maternos. Abuela era una mujer sumisa y temerosa de su esposo. Muchas veces deseé la muerte porque mi abuelo era un torturador sádico. Dominar y abusar de su esposa e hijos era una actividad placentera para él. Juanita quiso huir de ese hogar, pero al hacerlo cometió más errores.

Se había enamorado del hijo del mejor amigo de mi abuelo. Él tenía novia, pero eso no fue un impedimento para ella. Su intención era quedarse con mi papá a toda costa, sin saber que se desataría una guerra entre las dos familias, que duró hasta que mi abuelo murió. No hubo límites para el rencor y el odio que sentía mi abuelo por mi padre. Tanto así que, poco después de yo haber nacido, mi abuelo vio a mi papá caminando por la calle con su ya esposa embarazada de mi medio hermano y trató de matarlos tirándoles el carro encima. Ese era mi abuelo.

Desde el momento en que mi mamá supo que estaba embarazada, comenzó a pedirle a su hermana menor que le brincara sobre la barriga. También usaba varias fajas a la vez, una encima de la otra, como queriendo sofocarme. Según ella, eran siete las fajas que se ponía, pero nunca sabré nada con certeza porque le gustaba exagerar y se llevó a la tumba la verdad sobre su vida. Lo único que sé sin lugar a dudas es que ella no deseaba tenerme. Yo aparentemente era luchadora y testaruda desde antes de nacer. No sucumbí a sus intentos de abatirme y llegué al mundo sin saber el infierno que me tocaría vivir con un abuelo abusador, cuya enfermedad mental era absolutamente aterradora.

Mi abuela se dio cuenta del embarazo de Juanita porque notó que estaba engordando. Por temor a mi abuelo, se quedó callada y prefirió ayudarla a ocultar su estado, decisión que casi le cuesta la vida.

Nací el 17 de febrero de 1963. Ese día se celebraba un bautizo en casa, pues mi abuelo era el padrino. Resultaba irónico que alguien eligiera a mi abuelo, un abusador perverso, como padrino de su hijo, pero él tenía dos caras. Sus amigos con quienes bebía hasta la inconsciencia lo respetaban y veían como un hombre decente.

En esa fiesta casi todos los hombres estaban borrachos, uno de ellos se percató de las contracciones de mi mamá y de cómo mi abuela se la llevó a escondidas en un taxi al hospital. Ese invitado decidió felicitar al padrino del bautizo porque iba a ser abuelo. Huelga decir que la celebración se convirtió en un festival de violencia, un salpafuera que requirió intervención policiaca. Al salir del cuartel, mi abuelo fue directamente al hospital a buscar a mi abuela y a mi mamá. Encontró primero a mi abuela y la sacó del hospital por la fuerza. Ni siquiera esperó a llegar al auto, le dio una paliza en plena avenida frente al hospital. Dicen que se veía volar el cabello de abuela. La soltó cuando vio que venían a socorrerla. Tuvieron que hospitalizarla por los golpes tan fuertes que le propinó, pero esto no le bastó al desalmado de mi abuelo. Logró acceder a la habitación donde estaba su hija y con sus botas militares la pateó en sus partes íntimas. La historia terminó con mi abuelo preso y mi madre en el quirófano.

Cuando por fin nos dieron de alta, mi mamá y mi abuela tomaron la decisión de esconderme en un caserío cerca de donde vivía la familia. Aunque parezca insólito, mi abuela decidió regresar con mi abuelo, mientras que él me buscaba ferozmente para matarme. Me cambiaron varias veces de escondite para protegerme, y fue entonces cuando mi madre decidió huir de la casa y abandonarme. Quizás fue mejor así. De haberme llevado con ella, hubiera crecido rodeada de drogas y prostitución. Entre dos infiernos, me dejó en el menos oscuro.

Llevaba doce meses escondida cuando mi abuelo me encontró. Al ver a mi abuelo frente a su puerta, Ramonita, la señora que me cuidaba, me llevó con él y le dijo: "Mírela bien, aquí la tiene. Si la quiere matar, hágalo, pero primero véale la cara a su nieta". Dicen que respondí a su mirada con una sonrisa, y él cayó de rodillas llorando y suplicándole a Ramonita que lo dejara cargarme. Desde entonces, me convertí en la luz de sus ojos, pero me gané el desprecio de mis tíos.

¿Vínculos familiares?

Cuentan en la familia que una vez, cuando todavía era muy pequeña, cogí un zapato y con el taco le di en la cabeza a mi tío (el hermano menor de mi mamá). Comenzó a sangrar y antes de que mi tío pudiera hablar, mi abuelo dijo que quien tocara a la nena moría. A lo que mi tío respondió que él tampoco quería que me tocaran. Creo que este tío sí me tuvo cariño. Cuando se fue para Alemania, siempre me escribía y regresó para celebrar mis quince años. Ahora nuestra relación está deshecha. Con el tiempo, nos distanciamos y dejamos de hablar. También tengo una tía a quien celaba cuando tenía novios. Es mi madrina y hasta que yo me fui de Puerto Rico me compraba las cosas que necesitaba. Con mi otro tío, que es mi padrino, nunca he tenido lazos afectivos. Siempre lo consideré un extraño hasta hace poco que comenzamos a hablar, y mayormente es por cosas que mi abuela necesita o para contarme lo que habla con los médicos. Mi tía, él y yo nos topamos en el asilo de ancianos donde está mi abuela, pero son encuentros muy tensos, como si fuéramos extraños... y es que lo somos.

Por su parte, mi mamá, en su afán por abortarme causó que naciera con espina bífida oculta, lo cual no fue evidente hasta que empecé a crecer. Cuando tuve que someterme a mi primera cirugía de la espina dorsal, mi abuelo no dejó que mi abuela se quedara en el hospital a esperar que yo saliera del quirófano. Se fueron. Durante la extensa cirugía fue necesario hacer una transfusión de sangre y no había ningún familiar en el hospital que pudiera autorizarla. Yo era una niña, se suponía que mi familia esperara por mí. El doctor hizo la transfusión sin autorización de un familiar y me salvó la vida. Mis abuelos no se atrevieron a decir nada al respecto ni tampoco se quedaron en el hospital para cuidarme. Mi abuelo necesitaba mantener a mi abuela controlada en la casa. Me cuidó la mamá de mi primer noviecito, ese primer amor inocente de la adolescencia. Guardo recuerdos gratos con él, y su mamá se preocupó más que mi propia familia mientras estuve hospitalizada. Se quedaba conmigo de noche y por las mañanas se iba a trabajar.

Siempre agradeceré a esa familia por hacerme sentir querida. Celebraban mis triunfos, estuvieron en mi quinceañero (ni mi mamá ni mi abuelo fueron) y me ayudaron a organizarlo, asistieron a mi graduación de escuela superior (mi mamá no quiso ir a pesar de que estaba en Puerto Rico) y siempre me regalaban ropa y accesorios para que me viera bonita. La familia

Rodríguez Fernández siempre tendrá un lugar en mi corazón y agradezco sus cuidados

No fue fácil tener ese primer novio. Su papá era sargento de la policía y, a petición de mi abuelo, ambos vinieron a mi casa para que mi abuelo les advirtiera las reglas, condiciones y consecuencias si no acatábamos sus órdenes. Mi abuelo le temía a la Policía, creo que por eso aceptó que me visitara el hijo de un sargento.

No sé cómo hubiera sido la historia hoy en día. Creo que en un caso así, de evidente negligencia y abuso, hubiesen contactado al Departamento de la Familia o a la Policía, pero ellos simplemente me acogieron y me hicieron sentir parte de su familia. Incluso sugirieron que su hijo y yo nos casáramos para que pudiera irme a vivir con ellos, pero mi entonces novio se fue al ejército y otra persona regresó. Luego de eso nos distanciamos. Volví a ver a su mamá y hermana tiempo después cuando estaba embarazada de mi primer hijo. Me preguntó si podía tocarme la barriga y le di permiso. Nos despedimos y esa fue la última vez que supe de ellos: la única familia que tuve mientras vivía con mis abuelos.

Amores que matan

Nunca supe por qué para mi abuelo yo era intocable, era la nena, la incordia número uno, como me llamaba cariñosamente cuando yo insistía en que quería algo, pero a la misma vez me descuidaba cuando estaba enferma y se molestaba si mi abuela tenía que prestarme más atención. Ironías de la vida, mi abuelo era un hombre violento y enfermo, pero mis hijos y yo fuimos sus más grandes tesoros.

*Con mi abuelo
Luis López Morales*

Todos los recuerdos de mi infancia son horrendos. Solo tengo memoria de una buena fiesta de cumpleaños para mi abuela cuando yo tenía unos cinco años. Vinieron casi todos sus hermanos, sus padres, familiares de mi abuelo y unas pocas amistades, quizás tres. Creo que fue el último cumpleaños que mi abuela disfrutó. Tengo una foto con mi abuela de cuando yo tenía siete años. La tomaron un día de las madres, pero esa fiesta, como todas, terminó en discordia. Desde entonces, mi abuela prefirió no hacer más fiestas en la casa.

El ultimo cumpleaños que mi abuela celebro, bailando conmigo.

Con mi tío Manolo, hermano de mi abuelo, tengo recuerdos agridulces. Venía los fines de semana a eso de las dos de la madrugada totalmente borracho. No sé cómo él manejaba así y para colmo levantaba a su esposa y tres hijos para que lo acompañaran a ver a su hermano Luis. A esa hora teníamos que levantarnos porque él había llegado. Era mi tío favorito, no me molestaba levantarme. Mi abuela y tití Violeta, la esposa de mi tío, se ponían a hacer sancocho, sopa o lo que ellos pidieran, pues tenían que beber hasta el amanecer. Cuando ya no podían beber más, se quedaban dormidos en el piso. Hubo muchas visitas armoniosas y sin mayores complicaciones, a pesar de que bebían alcohol día y noche.

Odiaba que se les ocurriera salir al río o a la playa con los otros dos hermanos que venían de Nueva York. Se formaban tremendas peleas entre ellos, al punto de que la mayoría de las veces terminaban en el hospital o en el cuartel. Se rompían brazos y piernas, y se cortaban la cara. En la peor de estas peleas le dieron un fuerte golpe en la cabeza a tío Manolo, quien tuvo que someterse a una cirugía de cerebro.

Peleaban por cosas del pasado, de sus padres, de cuando eran niños y del infinito odio que sentían por su padre, por la muerte de su mamá y hasta por sus propios hijos. Era tortuoso salir con ellos, más bien salíamos con la fatalidad a nuestra disposición. Cuatro hermanos se peleaban entre sí como si libraran una batalla campal. En cambio, la familia de mi abuela, que era numerosa (trece hijos en total), era afectuosa y unida. Lamentablemente, este no fue el modelo que tuve en la vida.

La casa de los mil demonios

De vuelta a la historia de mi llegada a ese hogar, una vez mi abuelo me encontró, comenzaron los trámites en el tribunal para ellos obtener la custodia y hacer que mi padre biológico me reconociera como su hija. El pobre también sufrió la furia de mi abuelo, aunque apenas era un adolescente como mi mamá, un joven que tuvo la mala suerte de que Juanita se le cruzara en el camino. Mi abuelo no quería que yo supiera quién era mi padre, pero, cuando cumplí doce años, accedió a que lo conociera por medio del tribunal. Recuerdo como si fuera hoy lo mucho que le insistí a mi abuela para que me cosiera un traje nuevo. Cuando lo vi, a pesar de que estuve muy tímida, inmediatamente sentí un gran cariño por él. Recuerdo con gran añoranza cuando me pidió un beso al despedirnos no sin antes darme su número de teléfono. Comencé a llamarlo a escondidas de mi abuelo y hasta me escapé de la casa en una ocasión con uno de mis hermanos menores de parte de madre para ir al parque con mis hermanos paternos, con mi papá y con su esposa. Tuve que chantajear a mi hermano para que no le contara nada a mi abuelo.

Juanita —quien yo consideraba mi hermana hasta los seis años— no tuvo interés en ser mi madre hasta que llegué a la adolescencia, cuando trató de obtener la patria potestad. No comprendía tantas mentiras y me costó trabajo quererla. Siempre que discutíamos buscaba cómo herirla y ella regresaba de inmediato a la isla para tratar de comprar mi amor. Después de estos intercambios, yo lloraba desconsolada en mi cuarto. Varias veces intenté quitarme la vida con las pastillas que tomaba contra el dolor de espalda. El efecto narcótico me hacía dormir por un día entero, pero siempre despertaba en ese hoyo negro. Ni el cielo ni el infierno me querían. Mi abuela entraba a mi cuarto a preguntarme si estaba bien y yo le decía que eran los medicamentos, que me dejara dormir; ella ni siquiera miraba los envases de las pastillas, cerraba la puerta y me dejaba sola. Al despertar, volvía a llorar por estar viva, quería de cualquier forma salir de esa casa despiadada y de este mundo.

En el tribunal me contaron cómo era mi mamá y sobre su vida desordenada y de prostitución, lo que le causó varias enfermedades venéreas, entre otros males. Hasta la jueza habló conmigo aparte. Me advirtió que si decidía irme con mi mamá seguramente llevaría una vida peor a la del presente. Lo pensé por un rato y lloré con mucha rabia, mientras maldecía mi vida y pensaba cómo la jueza no veía la gravedad de la situación doméstica en casa de mis abuelos. Decidí quedarme con ellos, pero mi deseo vehemente era largarme de la casa del diablo.

Las peleas y el abuso por parte de mi abuelo eran constantes, soy testigo de cómo golpeaba a mi abuela y a sus hijos. Nunca tuvo una palabra dulce para ellos. En su mente, su esposa y sus hijos eran cabrones o putas, tenían que correr de él para que no los matara. A veces los perseguía con un machete, como si mil demonios lo poseyeran. Recuerdo que me escondía debajo de la cama y escuchaba cómo rompía neveras, estufas y televisores. La tienda Sears se benefició mucho de la maldad de mi abuelo, pues en esa casa, excepto mis pertenencias, todo volaba o se rompía con asombrosa frecuencia.

Nunca me puso un dedo encima, creo que en parte porque cuando crecí le demostré que no le tenía miedo y que yo podía actuar igual de loca que él. No sé cuántas veces vi a mi abuela con un ojo morado, hospitalizada porque la tiraba por las escaleras, le rompía costillas, las rodillas o la cabeza. Soy testigo de todo eso, se calmaba por un tiempo para luego repetirse la rutina. Hacía sangrar a mi tía enterrándole la hebilla de su correa en la pierna. Ella se desmayaba en cada episodio violento de mi abuelo. El abuso a sus hijos varones era mucho peor, les atestaba golpes casi mortales. No hubo un solo vecino de la calle que no llevara a mi abuelo al tribunal múltiples veces.

Saro y Blanca, los vecinos del lado derecho conocían muy bien nuestra situación. Son mis ángeles guardianes que ya no están en este mundo. Me cuidaban día y noche cuando yo era pequeña cada vez que mi abuelo mandaba a mi abuela al hospital con heridas. El muy malagradecido los odiaba porque muchas veces nosotros corrimos a escondernos en su casa, especialmente cuando perdía en apuestas de caballos. Peor nos iba si perdía en la lotería grande. Era un enfermo, un cobarde que no sabía controlar sus emociones ni mucho menos asumirlas, la antítesis de un hombre decente.

Saro me sentaba en sus piernas y me acunaba en una silla mecedora mientras me daba agua de azahar para que dejara de temblar del miedo. Así me calmaban, no sin antes yo pelear porque me disgustaba el sabor del agua de azahar. Mientras tanto, Blanca, hija de Saro y a quien yo llegué a amar como a una madre y siempre le pedía la bendición, llamaba a la Policía. No sé para qué, me imagino que era para que mi abuelo se calmara, pero, después de hablar con la Policía, mi abuelo le pedía perdón a mi abuela con lágrimas de cocodrilo y ella lo perdonaba. Este círculo vicioso nunca dejó de sorprenderme. Ver a mi abuela regresar una y otra vez con su agresor caló muy hondo en mí, pues no quería convertirme en ese tipo de mujer. No tuve la visión, sin embargo, de que podría convertirme en mi abuelo.

Blanca fue la que me puso el apodo de "Yeyé" porque siempre me pasaba cantando en mi columpio o bailando en el patio de la casa. Saro decía que parecía un pajarito, que cantara más canciones porque les gustaba escucharme. Temprano una mañana, mientras jugaba en el columpio, oí una explosión cerca de mí. Mi abuelo no se había percatado de que yo estaba abajo y tiró el televisor por el balcón porque mis tíos no cortaron la grama cuando se los ordenó. Dentro de esas paredes siempre se vivía con miedo. Un pedazo de vidrio me laceró el muslo, entonces los golpes a mis tíos fueron peores porque fue su culpa que yo me diera un tajo. Otro ejemplo de su cobardía: jamás admitiría su culpa ni la enfermiza impulsividad que le hizo tirar el televisor.

Nunca se sabía qué iba a pasar cuando mi abuelo se emborrachaba, perdía en las carreras de caballos o si mi abuela no era cortés y se negaba a cocinar por la madrugada para él y sus amigos de juerga. En cualquier momento había que salir despavoridos para huir de la furia de mi abuelo. Crecí escondiéndome en la casa de Saro y Blanca, me hacían sentir protegida y segura, yo era su muñequita. Me compraban ropa, me vestían y hasta me maquillaban para tomarme fotos. Mi familia sentía celos de que yo fuera feliz con ellas, especialmente mi tía, y me obligaban a regresar a la casa. Cuando nos hablábamos por la verja, Saro siempre podía distinguir el sonido del carro de mi abuelo que más bien era una guagua militar y me decía: "Ya viene Luis, entra a la casa para que no te castigue por hablar con nosotras". Otras veces las veía a escondidas desde el balcón de atrás en el segundo piso de la casa. Nos hablábamos haciendo señas para que no se enteraran mi abuelo y mi tía, quien sentía rabia de que yo las prefiriera a ellas. Yo era inmensamente feliz con estas dulces mujeres. Agradezco sus cuidados, protección y cariño. Las amo y siempre estarán en mi corazón.

La libertad no es negociable

Jamás experimenté unas navidades felices. Mi abuelo odiaba que fuéramos a la iglesia. Cuando la familia de mi abuela nos venía a buscar para las parrandas, nadie dormía al regresar a la casa. Mi abuelo maldecía a Dios, al sacerdote y a las monjas del colegio, especialmente a la madre superiora que también me defendía de él y siempre oraba por mi abuela. Nunca funcionaron esas oraciones, mi abuela no abría los ojos ni mucho menos tuvo la valentía de abandonar a mi abuelo por nuestro propio bien. Ella también era cobarde.

No me permitían estar en el coro de la iglesia ni participar en actividad alguna. No había un día de madres en que mi abuela no llorara. No soportaba estar de vacaciones, detestaba cada día de fiesta que me mantuviera en casa. En la escuela solo las monjas sabían lo que yo vivía. Por eso ellas me tenían paciencia cuando me rebelaba, aunque a veces les sacara canas verdes.

Era una escuela de niñas solamente, mis calificaciones eran perfectas porque aprendí que de esa forma me dejaban tranquila en la casa. Cuando tenía cinco y seis años, mi abuelo me amarraba un pie a la baranda del balcón en el segundo piso de la casa, no me permitía ir al baño ni comer, y no me soltaba hasta que me memorizara el alfabeto, aprendiera a leer y escribir, recitara las tablas de multiplicar, en fin, lo que me hubieran enseñado ese día en clase.

A pesar de que siempre quería estar en el colegio y las hermanas religiosas eran muy buenas conmigo, no puedo decir que me sentía del todo tranquila. Una escuela de niñas es una cuna de lobos. Tuve amigas, pero siempre me sentí inferior. Mi familia no se preocupaba de mis necesidades básicas, por ejemplo, si necesitaba zapatos nuevos, un bulto o si tenía suficientes uniformes. Por supuesto, no faltaron las burlas de mis compañeras. No las despreciaba ni me molestaba con ellas, más bien odiaba a mi abuelo por no estar pendiente a estas necesidades.

El colegio se pagaba con el dinero que mi papa biológico enviaba mensualmente. Luego, cuando mi tía comenzó a trabajar, ella se ocupó de lo que me hiciera falta. Al cumplir quince años, obligué a mi abuelo a pagarme la escuela. Le dije que yo tenía el derecho de disponer del dinero que enviaba mi papá y que si él no quería pagar el colegio podía mandarme a una escuela pública. Como él pensaba que en una escuela pública me perdería y actuaría como mi madre biológica porque allí había varones, decidió pagar mi educación y yo pude usar el dinero que enviaba mi papá a mi gusto.

En aquel entonces, tenía el pelo bien largo, me llegaba a las nalgas. Un día, sin decirle nada a nadie, me fui al salón de belleza y me lo corté hasta los hombros. Mi abuela casi muere de miedo por lo que mi abuelo fuera a decir o hacer cuando llegara. ¿Será posible? Efectivamente, un hombre chiquito busca controlarlo todo. Se molestó muchísimo al punto de irse a la calle a emborracharse, pero no le hizo nada a mi abuela. Le dije que era dueña de mi cuerpo y podía cortarme el pelo como quisiera. Desde ese día hice con mi pelo lo que quise y aprendí a maquillarme gracias a las clases de refinamiento que mi tía me regaló. También comencé a pintarme las uñas y a escoger la ropa en las tiendas. Mi tía pagaba por todo esto y se enfadaba porque yo siempre escogía lo más caro. Si algo aprendí de mi madre y de mi abuelo fue a ser caprichosa desde muy pequeña.

Otro acto de rebeldía fue ingresar al Civil Air Patrol, no porque me interesara, sino porque mi novio estaba en ese programa y las reuniones eran los sábados. Así podíamos vernos sábados y domingos, pero mi tía metiche le dijo a mi abuela que fuera con ella a investigar ese lugar. Como no pudo refutar la integridad del programa, se le ocurrió que a cambio yo tenía que limpiar la casa los viernes. Al parecer se le habían olvidado mis problemas de espalda. Me carcomía la rabia, pero les dije que era un trato. Como salirme con la mía era una de mis especialidades, siempre terminaba convenciendo a mi abuela de que yo tenía demasiadas responsabilidades o le decía que estaba segura de que ella no quería que tuviera una recaída.

A los dieciséis años, una excompañera del colegio me invitó a un baile en su nueva escuela. Yo estaba ilusionadísima con mi primer baile. Otra amiga, Mayra, me prestó unas prendas para que las usara con mi vestido. La mamá de mi amiga le pidió permiso a mi abuela y todo estaba bien, pero mi tía —que ya no vivía con nosotros— se enteró y exigió que yo tenía que estar en la casa a la medianoche. Era una guerra de poder entre mi tía y yo, convenció a mi abuela de que si yo no llegaba antes de la medianoche, más nunca volvería a salir a una fiesta. La actividad fue una experiencia muy linda, me divertí y conocí a jóvenes fuera de mi núcleo social. La mamá de mi amiga nos recogió a las 11:30 p. m., ya que la actividad era cerca de mi casa. En el camino se vació una llanta del carro por lo que llegamos a mi casa a las 12:15 a. m. La madre de mi amiga le explicó a mi abuela el inconveniente que tuvimos, que no fue culpa mía que llegáramos quince minutos tarde, pero mi abuela respondió que no importaba la explicación, simplemente no llegué a tiempo y estaba castigada. Más nunca me dejaron salir y mi amiga no volvió a llamarme. En mi familia todos eran tan intransigentes.

Tenía prohibido participar en quinceañeros u otras fiestas, no tuve acceso a las experiencias normales de adolescentes. Para ellos no existía nada bueno, pero yo me las ingeniaba para cortar clases y pasar tiempo con mi novio y con una amiga que estaba enamorada del mejor amigo de mi novio. En una ocasión, la hermana superiora se dio cuenta de que no estábamos en el colegio y nos castigó. Nos pidió que lleváramos una carta de nuestros padres con una disculpa por lo que hicimos. Agraciadamente, yo era experta falsificando la firma de mi abuela.

Al poco tiempo, volví a tener problemas de la columna vertebral y tuvieron que ponerme un yeso alrededor del torso, que me cubría los pechos. Fue una experiencia difícil como adolescente. Empezaron a llamarme tortuga en el colegio y peor me sentía. A mi novio no le importaba el yeso, no se avergonzaba de salir conmigo así. Como dije, él y su familia fueron mi apoyo durante esa época, pero en la escuela sufrí mucha burla cruel. Deseaba, y todavía deseo, poder olvidar de un tiro mi niñez y adolescencia.

Cuando por fin me gradué y llegué a la universidad, entré al ROTC con toda la intención de fastidiar a mi abuelo. Sabía que le causaría disgusto el hecho de que estaría rodeada de hombres. En el fondo sabía que no iba a poder graduarme del ROTC por mis problemas de espalda. Quería demostrarle a mi abuelo que yo podía más que él. Una vez reconoció mi determinación durante una pelea que tuvimos en el segundo piso de la casa. Le dije que si se acercaba a mí, si continuaba gritando o si trataba de agredirme, los dos nos caeríamos del segundo piso porque yo lo iba a empujar, que se callara y entrara si no quería morir. Al irse lo único que dijo fue "esta es más loca que yo". Me di cuenta de que podía dominarlo demostrándole que no le tenía miedo. Él se alimentaba del miedo que lograba infundir en los demás, al parecer perdía el interés si no tenía este efecto. Así aprendí a ser controladora e intimidante.

Lo odiaba profundamente, tanto que no pasaba un día sin desearle la muerte. El psiquiatra que me trataba hasta pensó contarle a la Policía sobre mis deseos constantes de matar a mi abuelo. En ese tiempo le deseaba lo peor, no podía controlar mi odio. Sabía que si él moría, nosotros podríamos vivir en paz, aunque confieso que no creo posible vivir en paz absoluta. Siempre habrá obstáculos, problemas, ansiedades y depresiones. Nadie tiene una vida completamente feliz. En la vida experimentamos todos los matices de la existencia.

Mi abuelo me decía que yo era como mi mamá: una puta. Pensaba que perdía el tiempo estudiando Teatro en la Universidad. Se enteró porque unos primos que me llamaban "tití" me vieron en la televisión. Durante una visita, muy felices por mi logro les preguntaron a mis abuelos si me habían visto. Se formó una gran pelea entre mi abuelo y yo, él me insultaba y yo le respondía que me alegraba de que se molestara, y que no hiciera nada porque no iba a quedarme callada y podía denunciarlo. Él no soportaba saber que mi vida y futuro no le pertenecían.

Le grité llorando que mis decisiones y posibles errores no le incumbían. Le recalqué que nunca le permitiría dominarme como lo hacía con abuela. No me habló durante un tiempo, su silencio me trajo felicidad. Lo nuestro era una guerra y yo estaba empeñada en ganar sin importar nada. Él nunca dejó de abusar de mi abuela, yo no toleraba verla tan sumisa, tan obediente, una estúpida en mi mente.

Tenía ocho años la primera vez que mi abuelo me permitió visitar a mi mamá en Nueva Jersey. Claro está, fue porque mis dos tíos me acompañaron y no sin antes pasar por el drama usual. Fue fascinante viajar en avión por primera vez, me emocionó ver a las azafatas tan elegantes y serviciales. En ese momento decidí que eso era lo que quería hacer cuando creciera.

El viaje no fue del todo agradable porque sentía dolor en el lado derecho del abdomen. Mi abuela me había llevado a un médico para estar segura de que yo podía viajar y que ese dolor no fuera nada de qué preocuparse. El doctor no pensó que fuera algo grave y me dio el visto bueno para viajar. Recuerdo que el avión era de Eastern Airlines, fue muy emocionante ver las nubes tan cerca y hablar con las azafatas. No pude comer porque el dolor empeoró durante el vuelo; comencé a vomitar y a llorar sin parar. Al aterrizar en Nueva Jersey, había una ambulancia esperándome para llevarme al hospital. En sala de emergencias me hicieron análisis que confirmaron que mi apéndice estaba a punto de reventar, así que fue necesario someterme a cirugía de inmediato.

Mi mamá estaba hecha una manojo de nervios y a uno de mis tíos (el menor) lo hospitalizaron por gastritis nerviosa. Les daba pavor pensar que el insensato de mi abuelo los culparía de lo que me pasó, sin mencionar lo que le podría hacer a mi abuela por ella insistir en que me dejara viajar.

Cuando me desperté de la anestesia, quien estaba a mi lado era mi padrastro porque mi mamá se pasó todo el tiempo entre mi cuarto y el de mi tío. Cuando abrí los ojos él me explicó lo que había pasado. Yo siempre veía los muñequitos por televisión y me gustaba Popeye, mi cabecita de ocho años encontraba cómico verlo comerse la espinaca y coger fuerzas. Le conté a mi padrastro sobre Popeye e insistí en que me consiguiera espinacas para ponerme fuerte. Se fue a buscarme las espinacas por mi insistencia. A su regreso, miré las espinacas y le pregunté qué era eso. Confundido, respondió que eran las espinacas que le había pedido. No eran como las que Popeye comía, esas me daban asco. En eso vino la enfermera y le indicó que yo estaba en dieta líquida. Él se las comió con mucho gusto. Es lindo recordar que alguna vez tuve inocencia y le agradezco a mi padrastro, que en paz descanse, por siempre tratar de complacerme incluso cuando ya era adulta.

En la casa me esperaban cuatro de mis hermanos menores, los hijos de mi padrastro y mi otro tío. Él también estaba nervioso y distraído. Se cortó la planta del pie al pisar un vidrio y terminó acompañándonos en el hospital. Mis primeras vacaciones comenzaron con puros desastres. Cuando ya era hora de regresar a Puerto Rico, mi mamá decidió que viajaríamos juntos a la isla para explicarle a mi abuelo en persona lo que pasó, yo diría que era más bien por temor a represalias contra mi abuela. Fue un error viajar con toda su familia; mi abuelo estaba molesto porque los hijos de mi mamá no eran sus nietos y sobre todo odiaba a mi padrastro porque era cuarenta años mayor que mi mamá. Es decir, era casi de la misma edad que él. No dejaba de buscar excusas para comenzar altercados. No tuve un momento de felicidad mientras viví con él.

Mi abuelo me permitió seguir visitando a mi mamá, siempre y cuando me acompañaran mi tía o mi abuela. Cuando mi abuela iba conmigo se veía tan feliz y libre. Siempre que estábamos lejos de mi abuelo éramos felices y yo me alegraba más al pensar que él estaba solo, sin nadie que le prepara sus comidas o lavara la ropa. Disfrutaba saber que no tenía a su víctima favorita para descargar su frustrada existencia a golpes. Sin duda, su infelicidad me alegraba.

La primera vez que me dejaron ir sola a pasar las vacaciones con mi mamá fue cuando ya tenía quince años y la última vez fue a los diecisiete, momento en que ella decidió contarme su versión de la historia. Sin embargo, no puedo precisar la verdad porque ella mentía compulsivamente. Ni siquiera le creí cuando me dijo que estaba enferma y próxima a morir. Fue una de las pocas veces que me dijo la verdad, pero no confiaba en ella.

La relación con mi mamá era complicada, difícil, dolorosa y hasta cómica en ocasiones. Mi único sentimiento hacia ella era rencor. Desde pequeña le escribía cartas recriminándole, con ella me desquitaba el dolor y los miedos, toda esa pesadilla que vivía con mi abuelo. A cambio, le daba una excusa para que se hiciera la víctima. Llamaba a mis abuelos llorando, pero ellos no se metían en eso y muchas veces le contestaban que se lo merecía. Otra de sus jugadas era venir corriendo a Puerto Rico con regalos costosos a preguntarme entre lágrimas (y con descaro) por qué la trataba así. Yo me limitaba a manipularla y aceptar sus regalos, era lo que sabía hacer gracias a ella misma.

A los trece años, mientras estaba de vacaciones en casa de Juanita, milagrosamente nos dejaron en la casa sin chaperones porque el papá de mi abuela había muerto. Todos los hermanos que vivían en Nueva York y Nueva Jersey acordaron viajar juntos, pero no había asiento disponible para mí. Recuerdo muy bien que estando en un cine *drive-in* viendo una película con mi mamá y su amiga, tuvimos una discusión porque le conté que uno de mis hermanastros me violó en el sótano. La respuesta de mi madre fue que lo más seguro yo me le ofrecí. Como es sabido, el ladrón juzga por su condición. Yo apenas tenía trece años, fue una experiencia sumamente traumatizante y dolorosa, que me tomó mucho tiempo superar. Me odiaba y me sentía sucia, creía que mi mamá me comprendería y consolaría, pero no, ella fue mi juez, acusadora y verdugo. Su próxima respuesta fue una cachetada. Tan pronto la recibí, así mismo se la devolví. La miré directo a los ojos y le dije que no tenía derecho de tocarme por el simple hecho de haberme parido, que ella no era mi verdadera madre.

Cuando regresamos a la casa, despertó a su esposo para contarle lo que le había dicho. Él se levantó sin pensarlo y se cambió de ropa decidido a buscar a su hijo para llevarlo a la Policía, pero mi mamá le dijo que no era necesario, que seguramente yo lo había provocado. Mi padrastro respondió que yo era una niña y que él conocía a su hijo. Él creyó en mi palabra, lo que yo esperaba de mi madre. Al siguiente día, ella llamó a mis abuelos para contarles que le había pegado en la cara cuando me reprendió. Muy astutamente no contó la verdadera historia. La respuesta de mi abuelo fue que yo lo hice bien, que la próxima vez que me tocara sería él quien le devolvería el golpe, pues a mí nadie podía tocarme. Me cuestiono si esta contradicción de la personalidad enfermiza de mi abuelo pudo haber reforzado mi asimilación de su carácter.

Mi madre decidió viajar conmigo a Puerto Rico y mi abuelo la botó de la casa. El abismo entre nosotras se profundizaba cada vez más. Ella trataba de poner a mi abuela en mi contra diciéndole que yo había sonsacado a mi hermanastro por gusto y no por amor como ella lo hizo con mi papá. Era una mentirosa, se convirtió en mi enemiga, no me veía como su hija. Tanto le insistió a mi abuela que yo estaba mintiendo que mi abuela decidió enviarme a un psiquiatra para que me analizara. Mi madre proyectó sus demonios en mí.

Cuando Juanita estaba en Puerto Rico no me dejaban ir de paseo con ella y mis hermanos, mi propia familia me aislaba y aprendí que yo no era parte de ningún núcleo. De adulta fue que comencé a compartir con otras personas, tener verdaderas amistades, compartir en reuniones, fiestas, tener amigas cómplices y hacer muchas fiestas en mi casa, aprendí a bailar, a vivir la vida, aunque me equivocara mucho. Por desgracia, las conductas negativas que aprendí de mi abuelo y de mi madre se manifestaban en todo lo que hacía.

Juré que nunca sería sumisa como mi abuela, no sería esclava de ningún hombre ni mucho menos permitiría abusos. Pero esta promesa me ha costado porque elegí el extremo de ser yo quien dominara a los hombres. Me convertí en la agresora, en lo que tanto desprecié y maldije. Cuando me enojaba, sin vacilación, volteaba todos los muebles de la sala y después reclamaba que los arreglaran porque era culpa de ellos que yo reaccionara así. Con pesar, confieso que me convertí en mi abuelo. Asumí la posición defensiva para que a nadie se le ocurriera maltratarme. Preferí ser yo la cruel y manipuladora, pero todo tiene un precio y la vida se encarga de mostrarnos que somos dueños de nuestras decisiones y sus consecuencias independientemente de las circunstancias que nos vieron crecer.

el camino a la huida

En total tuve siete hermanos: cinco por parte de madre y dos por parte de padre. Mi mamá a veces era una loca cómica. Cuando nevaba de madrugada, nos despertaba para que mi hermana y yo pudiéramos jugar con la primera nieve que caía y ella nos tomaba fotos. Otras veces nos levantaba de madrugada para ir al supermercado, pues había buenos especiales y quería ser de las primeras personas en la tienda. Debo decir que a pesar de que teníamos muchas diferencias y nuestros temperamentos chocaban, Juanita se esforzaba para que las vacaciones con ella fueran divertidas para mí. Al menos yo sabía que en todo ese tiempo no tendría nada que temer; a mi hermanastro lo habían mandado a Puerto Rico con su mamá y no estaría expuesta a la violencia de mi abuelo. Sin embargo, me enteraba de la desdicha de mi abuela, en esa casa se vivía un ciclo vicioso de abusos físicos y mentales día y noche.

La razón principal por la que decidí no quedarme con mi mamá durante mi adolescencia fue porque para mí ella era solo la mujer que me trajo al mundo. Por otro lado, porque mi hermana Stefanie me contaba cómo se comportaba con ellos cuando yo no estaba. Les compraba ropa de segunda mano, que muchas veces les causaba reacciones alérgicas. Además, dejaba a mi hermana sola con un señor que vivía en la casa, alguien a quien mi mamá le quitaba su seguro social y lo trataba como esclavo. Stefanie me contó sobre el abuso sexual que sufrió y cómo mi mamá prefería creerle a Don Juan. Juanita usaba a Stefanie de niñera y sirvienta, la sacó de la escuela para que cuidara a mis hermanos más pequeños, Eric y Marisol. Esta última murió atropellada al cruzar una calle cuando tenía dieciocho años.

Mis mejores amigas, mis hermanas
Stefanie Figueroa y Carmen Badillo

Recuerdo que en una de mis vacaciones mi mamá me pidió que le cambiara el pañal a Marisol. Respondí sin titubear: "¿Verdad que yo no tengo hijos? Entonces cámbiaselo tú, cárgala y cuídala, es tu hija". En esas mismas vacaciones me preguntó si yo pensaba en cómo sería mi boda algún día. Le contesté que no me vestiría de blanco. Me preguntó si fue por lo que me pasó cuando tenía trece años. Ella sabía perfectamente que esa era la razón. Al siguiente día, me levantó para llevarme a un médico que hacía cirugía del himen. Me propuso pagar por la cirugía si yo hacía el esfuerzo de no pensar más en la violación. Para mí era una oportunidad de olvidar esa fatídica tarde de un domingo de julio, un trauma que me había atormentado por tres años para ese momento, así que estuve de acuerdo en someterme a la reconstrucción de himen. Mi mamá pagó $6,000 por ese procedimiento, creo que ella quería limpiar su conciencia por la reacción que tuvo cuando le conté el suceso.

Otro día de ese mismo verano, me invitó a dar una vuelta en el carro para contarme su historia. Me dijo que ella se interpuso entre mi papá y su novia, que él es un buen hombre y soportó muchos abusos por parte de mi abuelo. Luego me contó que mi abuelo los obligó a casarse y que después de la boda ella estaba en el carro con mi papá, y mi abuelo la sacó a golpes para que no se fuera con mi padre. No estoy segura de la veracidad de esta historia, pero no quise discutir con ella. Sabía que estaba muy enferma, fue lo que la llevó a su fin.

Cuando regresé a Puerto Rico, le pedí a mi abuela que me contara la verdad sobre el abandono de mi madre. Me dijo que mi mamá me abandonó dos veces: la primera vez cuando nací y luego cuando regresó a la casa. Mi abuelo le había puesto como condición que solamente podría ir a la escuela y cuidarme cuando saliera. Juanita no pudo sobrellevar el encierro impuesto y un día que salió para la escuela, se fue al aeropuerto y cogió un vuelo a Nueva Jersey. Cuenta mi abuela que cuando mi mamá la llamó para despedirse, me sacó de la cuna, buscó un taxi y fue a encontrarse con ella. Le pidió que no volviera a abandonar a su hija, que me mirara. Me miró, pero esto no le impidió abordar el avión.

Regresé con un dedo fracturado de las últimas vacaciones que tuve con Juanita. Conocí a un teniente por casualidad mientras estaba en la biblioteca. Me miró el dedo y preguntó qué había pasado. Le conté que mi hermana me lo había fracturado sin querer. Había visto a ese hombre una sola vez, pero él me acarició la cara y me deseó pronta recuperación. Fue un gesto que me agradó mucho, él era guapo, corpulento, superblanco (me fascina la tez blanca en los hombres) y con una sonrisa hermosa que acentuaba más al mojarse los labios coquetamente antes de sonreír.

No volví a verlo hasta un día que fui al ROTC para una entrevista de trabajo a escondidas de mi familia. Día y noche me la pasaba pensando en cómo salir de la casa. El teniente Nieves, Emilio para mí, volvió a aparecerse en mi camino ese día. Se ofreció a llevarme a la entrevista. Al salir me invitó a dar una vuelta para celebrar que me habían dado el puesto. Cuando menos lo esperaba, me miraba con ternura y me acariciaba la cara sutil y delicadamente. Empezamos a vernos todos los días, con él aprendí a cortar clases para escaparnos a la playa. Decía que era su copiloto porque me encargaba del mapa de Puerto Rico (íbamos a distintas playas de la isla y en aquel tiempo no existía Google Maps). Me fascinaba la canción de Diana Ross *It's my turn*, le decía a Emilio que se la dedicaba a mi abuelo y por eso la escuchaba incesantemente. Él me complacía y la cantábamos juntos como unos locos en el carro.

Un día de esos que faltábamos a la universidad para ir a la playa, de camino nos topamos con mi abuelo, quien estaba en el carro esperando el cambio de luz. Al verlo, di un grito y me agaché para que mi abuelo no me viera. Le conté a Emilio lo que pasaba y se puso más blanco de lo que era, parecía un fantasma. Cambió la luz y estuvimos a salvo. Nos miramos y nos echamos a reír. Inmediatamente pusimos la canción de Diana Ross para cantarla gritada. Son bellos momentos que nunca olvido, con él me sentía libre. Mi alma se contraía cuando tenía que volver a casa.

Emilio era bueno en deportes y en el ROTC, pero era vago para estudiar. Lo ayudaba con los exámenes que se podían hacer en la casa y sin darnos cuenta nos hicimos novios. Por fin fue a mi casa a pedir permiso para visitarme y de inmediato se dio cuenta de cómo era mi abuelo, no lo toleraba. Cuando me visitaba los sábados o domingos, porque no podía ser ambos días, mi abuelo se sentaba frente a nosotros y no se movía de la silla. Casi no hablábamos, solo nos mirábamos por una hora. La despedida era en el balcón porque no me permitían despedirlo en el portón de la casa. Claro que nos desquitábamos durante la semana cuando estábamos en la universidad, pasábamos juntos todo el tiempo libre que teníamos. Él me recogía en la parada de autobuses por la mañana y me llevaba por la tarde.

Decidí escaparme de la casa cuando mi abuela fue a cuidar a mi mamá en Nueva Jersey (Juanita sufría de la enfermedad de Crohn y creo que también tenía cáncer). Aproveché la oportunidad para irme con una amiga de la universidad. Por fin podía abandonar a mi abuelo, él tendría que valerse por sí mismo sin nadie a su lado. Emilio trató de conseguirme un apartamento con ayuda del Gobierno, pero de la única forma que una menor de edad podía tener apartamento en aquella época era casada, así que decidimos casarnos por las razones incorrectas. Para poder casarnos necesitábamos la firma de un adulto de mi familia. Sabíamos que mi abuela no podía hacerlo sin sufrir graves consecuencias, así que la mamá de mi abuela decidió darme la firma. Me dijo que prefería verme casada que por ahí dando cantazos, pero nos puso como condición que fuéramos a casa de mis abuelos a decirles lo que ella iba a hacer por mí. Lo único que recuerdo es ver a mi abuelo agarrar un machete y escucharlo maldiciendo. Comencé a correr lo más rápido que pude, me encontraron a tres cuadras sin aliento. Del susto, mi bisabuela y mi novio simplemente se rieron de mí y de lo rápido que corrí con todo y mis limitaciones físicas.

Mi abuela había cogido clases de repostería, clases que le costaron lágrimas, insultos y golpes de parte de mi abuelo. Él decía que ella no tenía que salir de la casa mientras él estuviera trabajando, le preguntaba si estaba buscando machos, la llamaba puta. Ella anhelaba hacer mi bizcocho de bodas. A escondidas de mi abuelo y en complicidad con una amiga repostera, me hizo un hermoso bizcocho que semejaba un lago lleno de cisnes con una cascada, era tan lindo que daba pena comérselo.

Mi abuela fue a mi boda con moretones en el cuerpo. Para que la pela no fuera evidente, mi abuelo le dio golpes en las costillas, la espalda y el abdomen. Era su castigo por desobedecerlo y desafiarlo.

Solo la muerte la salvaría

Fue tanto el abuso que mi abuela aguantó durante su matrimonio con mi abuelo que ha tenido que someterse a cirugías de rodillas y abdomen, perdió la audición a temprana edad, siempre la hospitalizaban por problemas en los intestinos, le reventó una úlcera en el estómago, le suturaban la cabeza constantemente. En ocasiones, no podía salir porque tenía la cara deformada y amoratada, la marca de los nudillos del bárbaro con quien vivía. Hasta el sol de hoy, mi abuela tiene muchos problemas de salud. La hospitalizan al menos dos veces al año por sangrados rectales, al punto que le tienen que transfundir sangre y no encuentran la razón, pero yo sé que es por las patadas que mi abuelo le daba en el abdomen. Su cuerpo está sumamente enfermo y por dentro debe estar lleno de cicatrices. Mientras mi abuelo vivía, ella siempre estuvo deprimida y pagó los platos rotos de sus hijos y los míos.

Hoy en día ella tiene 93 años y vive en un hogar de personas mayores. Ya no ve y escucha poco. No camina, perdió la sensibilidad del tacto en los dedos de las manos, cuando menos uno lo espera sufre sangrados y padece de dolores constantes. Hay días que su mente divaga mucho y no sé si va a estar viva cuando yo termine de contar mi historia, pero le agradezco todo lo hermoso, toda su ayuda y apoyo. Sin ella no hubiese podido lograr mis sueños de ser azafata y cantante, me ayudó muchísimo con mis hijos, estuvo a mi lado siempre entre bodas y divorcios, en enfermedades y hasta cuando los médicos me desahuciaron dos veces. Su amor y amparo siempre fueron incondicionales, me faltan palabras para expresar la importancia de su presencia en mi vida. Extraño mucho a aquella mujer, quisiera poder hablarle de mis cosas ahora y que me entendiera, pero es imposible por su estado mental. No tengo con quien hablar, todo me lo callo. Me trago mi tristeza y dolor.

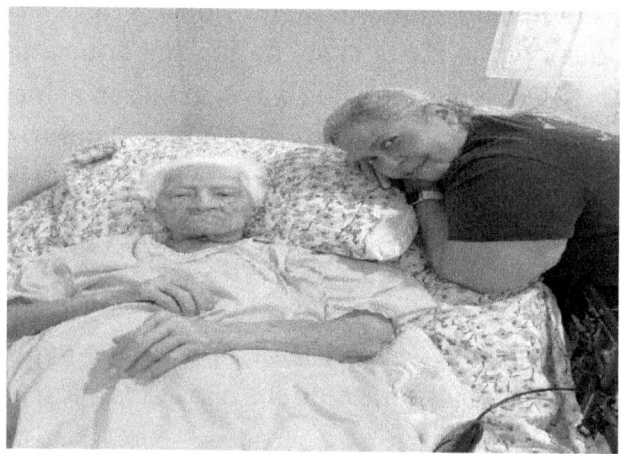

Mi abuela hoy en día

Hoy, 9 de septiembre de 2023, hago un alto de escribir mi historia para hacerle la visita rutinaria de los sábados. Por momentos está incoherente y yo la complazco en lo que puedo. Llamo a mi hijo para que le hable, y a mi hermana Stefanie para que la vea por Facetime. Pago el pasaje de mi hermana para que la pueda visitar o llamo a su ahijada favorita para que se sienta acompañada de su gente. Me dice que la saque de ese lugar, lo menos que ella se imaginaba era que sus últimos días de vida los pasaría en un asilo de ancianos. Le explico que ya ella no puede caminar y que todos también envejecimos y tenemos nuestros propios problemas de salud. Ella me dice que no es cierto, que se puede mover con su andador, que le duele estar sola todo el día en un cuarto sin teléfono ni televisor. Me da mucha pena y siento culpa por no poder sacarla de esa situación. Siempre le expreso mi amor y agradecimiento.

Cuando la visité hoy, me dijo que su hijo la internó allí para él sentirse libre y no tener la obligación de cuidarla. Mientras me iba, llegó su hijo y me advirtió que dejara de meterle cosas a mi abuela en la cabeza porque le había dicho que yo no podía sacarla de allí y que tenía que hablar con él, ya que legalmente él es quien puede tomar esa decisión. Luego me dijo que las personas tienen que llamar antes de ir a verla porque no podían ir muchos a la vez. Le dejé saber que yo llamo todos los martes para preguntar si hay muchos apuntados para la visita del sábado y siempre me dicen que soy la primera. Me miró y me dijo que estaba bien, que yo soy como familia. Al ver mi mirada perpleja se retractó diciendo "perdón, tú eres familia". Sé que no me consideran familia realmente, ellos hubieran deseado que mi mamá nunca quedara embarazada, nací en una familia desunida y sumamente disfuncional; siempre seré una extraña para ellos y, como una vez me dijeron, la culpable de que mis abuelos siempre pelearan desde mi nacimiento. Me siento sola, tan sola, y pienso en por qué tuve que nacer entre tanta fatalidad.

El 31 de octubre de 2023 fui a ver a mi abuela con mi hermana porque era su cumpleaños, le llevamos bizcochitos sin azúcar de su repostería favorita. Para nuestra sorpresa, su hija había preparado una fiesta de cumpleaños con más de veinte invitados en un lugar donde no pueden visitarla más de seis personas al día, pero ella tenía compradas a las enfermeras, tenían hasta una neverita de playa llena de cervezas en un lugar de cuido para ancianos, lo cual es ilegal. Mi tío invitó a sus amigos para cantar las canciones favoritas de mi abuela. Para colmo, invitaron a uno de mis violadores. Esta violación ocurrió en Puerto Rico, me acababan de cortar los puntos de una cirugía de los intestinos. Él me dijo que quería prepararme el desayuno, así que fui a su apartamento que era en los altos de la casa de mi abuela. Al salir, tenía que pasar por su cuarto y el tipo me tiró en la cama. Le pedí que me dejara ir, la herida de la operación todavía estaba roja, pero él me haló y continuó con su lujuria animal sin pensar en el dolor que me ocasionaba. Al bajar a casa de mis abuelos, estaba llorando y sumamente adolorida, pero me calmé porque para mi abuela él era como otro hijo.

Cuando me di cuenta de su presencia en el asilo de ancianos, le pedí a mi esposo que me sacara de ahí. Mi hermana Stefanie, al ver mi ansiedad, me sacó inmediatamente del grupo de personas y me llevó al carro. Mi tío vino a preguntar por qué me iba y simplemente le contesté que había demasiadas personas y yo no puedo estar alrededor de mucha gente por mis problemas inmunitarios. Le dije que tampoco le hacía bien a mi abuela y el desgraciado respondió "que sea lo que Dios quiera".

La primera de muchas bodas

Mi boda con Emilio fue en el verano de 1981. Una amiga de mi abuela me hizo un vestido sencillo y los padres de mi futuro esposo y su hermana se encargaron de todo lo demás. Fue una boda simple pero preciosa, salvo que el mismo día de la boda me dio un ataque de pánico y salí corriendo de la casa de Emilio bajo la lluvia. Él corrió detrás de mí, me preguntó qué me pasaba. No estaba segura de querer casarme, qué tal si no funcionaba y terminábamos odiándonos. Con un abrazo y un dulce beso, me convenció de que eran solo mis nervios y temores hablando, que él estaba seguro de querer casarse conmigo. Luego me acarició la cara como siempre hacía.

Recuerdo que la canción que bailamos fue *Always and Forever*, estuvieron presentes mis tíos con sus familias y mis amistades de la universidad, el ROTC y el trabajo. La boda se atrasó debido a que mi mejor amiga

Mi primera boda

de la universidad, su esposo y mi futuro esposo se habían quedado encerrados en el elevador donde ella vivía. Más nerviosa me puse, lo que pensaba era en correr, pero ¿a dónde? El chiste entre todos los jóvenes fue que era la boda de los impedidos: el juez era ciego, el fotógrafo sordomudo y yo con problemas en la columna. En realidad lo que teníamos era una pavera incontrolable, las personas mayores nos miraban sin entender, pero la risa es contagiosa y ellos comenzaron a reírse sin saber el motivo. Nos escapamos de la fiesta ansiosos de comenzar la luna de miel. Nuestras amistades luego nos contaron que se quedaron hasta las 3:00 a. m. disfrutando de la abundante comida y generosa barra. Todos hablaban de lo mucho que se divirtieron.

No me arrepiento de haberme casado con Emilio, tuvimos altas y bajas, pero él era en ese momento mi más grande amor y mi mejor amigo, alguien que yo deseaba que me amara como esposa y no como una amiga, alguien que me protegiera. El matrimonio solo duró tres años y sé que en parte fue porque lo acaparaba tanto que lo asfixiaba. Después de la boda tuve el valor de contarle la violación que sufrí a los trece años, y me respondió que lo importante es que con él aprendí lo que es hacer el amor, que en su mente yo era virgen cuando nos casamos. Fue mi mejor amigo y protector hasta la última vez que hablamos.

El último año de casados estuvimos separados, yo fui la que puso el divorcio justo antes de que él viniera de vacaciones a Puerto Rico. Emilio estaba en Alemania y nunca quiso mandarme a buscar, así que yo decidí seguir con mi vida. Ese dolor de la separación hizo que yo enloqueciera y comencé a salir con distintos hombres. Lloraba a todas horas y escuchaba canciones de desamor. En mi trabajo conocí a un hombre muy guapo, hijo del dueño de la empresa. Nos gustábamos mucho y comenzamos a vernos todos los días. Él era alto, dulce y caballeroso, de piel trigueña y ojos coquetos. Solamente tuvimos intimidad una vez y eso fue suficiente para quedar embarazada. Justo después de enterarme del embarazo, supe que él estaba por casarse con una muchacha que vivía en Miami. Ante esa situación, decidí renunciar al trabajo antes de que se me notara el embarazo. No me despedí de él y nunca le dije que tiene un hijo conmigo.

La prueba de embarazo me la hice el mismo día que Emilio regresó de vacaciones. Nos reconciliamos durante un mes. Su mamá me dijo que un día llegó a la casa llorando y lamentándose por nuestra ruptura. Ella le preguntó que por qué no me llevó con él a Alemania si me amaba tanto, y él respondió "¡porque fui un estúpido!".

Me pidió que volviéramos, pero le dije que no, nunca quise darle las razones de mi decisión. Lo conocía bien y sabía que él no quería que engordara y además nunca aceptaría el hijo de otro. Había quedado embarazada anteriormente mientras vivía con él, y su reacción fue darme una píldora abortiva en un jugo. Durante ese mes que estuvimos juntos, él tenía una fijación con mi cuerpo, decía que no podía creer lo hermosa que me veía. Escoger entré él y mi hijo fue fácil. Mi hijo iba antes que todo, antes que el amor que yo sintiera por él. Decidí alejarme de Emilio, pero él se aparecía donde yo estuviera con mis amistades, quienes tampoco sabían de mi embarazo. Le suplicaba que me dejara en paz, pero más se aferraba a mí. Me perseguía y alejaba a cualquier hombre que mostrara interés en mí.

Reitero que me casé por las razones equivocadas. Era muy joven, nunca había visto el amor de una familia normal y me daban muchos celos de Emilio y su familia. Pensaba que ellos lo querían acaparar, que eran raros porque siempre se trataban con palabras dulces. Con ellos aprendí a tener gestos cariñosos, a besar en la mejilla sin ninguna razón, a abrazar antes de salir y al regresar, a bailar en la sala todos juntos. Todo esto era nuevo para mí, definitivamente no crecí en un hogar con calor humano. En esa familia podía reír y respirar sin miedo, dormía sabiendo que no me levantaría en medio de la noche para esconderme de mi abuelo, pero era muy inmadura. No quería sentirme sola en ningún momento ni tampoco quería compartir a mi esposo con su familia. Él me tuvo mucha paciencia, quizás porque era un poco mayor que yo.

El único defecto de Emilio era su obsesión con mi cuerpo. Constantemente me decía que estaba gorda. Yo pesaba 120 libras y creo que estaba bien proporcionada, pero él lo veía de otra forma. Igual él fue el príncipe azul que me rescató del castillo embrujado. Fue mi mejor amigo, me ayudó muchísimo sin importar las diferencias entre nosotros. Me libró de la cárcel de mi abuelo y me ayudó a sobrevivir en otra etapa de mi vida. Creía que él se enamoraría de mí verdaderamente. Me trataba bien en el sentido de que siempre nos reíamos mucho, bailábamos en la sala de nuestro apartamento hasta la madrugada, salíamos a pasear con su hermana (y su novio) y recibíamos visitas de amigos.

Tuve muchas primeras experiencias con él: la primera borrachera, la primera vez en una discoteca, la primera vez en un motel, el primer orgasmo. Me decía que yo necesitaba tener esas experiencias y él quería ser mi maestro. Y sí que lo fue, particularmente en el tema del sexo, hasta me ponía a ver películas porno para que yo aprendiera a tener sexo oral. Todo fue con él. Éramos universitarios y no sabíamos lo que significaba llevar una vida de casados. Aprendimos juntos a la fuerza. Cuando me enojaba, peleábamos toda la noche hasta ver salir el sol. Luego nos echábamos a reír y hacíamos el amor para celebrar que ya no estábamos peleando. Así era nuestra relación. Emilio regresó a Alemania y no nos vimos ni nos comunicamos durante mucho tiempo.

Un costoso secreto

Cuando cumplí veintiún años, mis amistades me celebraron el cumpleaños en el puente Los Hermanos en San Juan. Ese día les conté sobre mi embarazo ante su curiosidad de saber por qué no estaba tomando alcohol. Se alegraron por mí, pero tampoco les conté quién era el padre. No fue hasta hace poco, casi cuarenta años después, que le revelé la verdad a mi hijo porque insistió en saber quién es su padre biológico.

Ver la mirada de mi hijo al enterarse de la verdad ha sido de los momentos más dolorosos para mí. Me dijo que no tenía derecho de negarle la oportunidad de que su padre lo criara. En aquel entonces, yo estaba segura de que un hombre de familia adinerada, que estaba a punto de casarse, no recibiría la noticia con entusiasmo. Quería protegerlo de cualquier represalia que resultara de esa noticia. Le mostré una foto de su padre en las redes sociales y acepté merecer su desprecio, le dije que si deseaba lo contactara para pedirle una prueba de paternidad, pero Daniel se negó y no sé si llegó a comunicarse con él. Solo sé que, desde entonces, mi hijo me excluyó de su vida. Al día siguiente regresó a su hogar en California. Luego de eso me llamó el día de Acción de Gracias y cortó la llamada rápido. Esa fue la última vez que hablamos; tengo el corazón roto en mil pedazos. Mis dos hijos me guardan rencor y sé que lo merezco, pero esta soledad con la que me han castigado, aunque merecida, no me permite respirar. A decir verdad, es una soledad autoinfligida. Comienzo cada día deseando que sea el último. Estoy lista para decirle adiós a esta vida de fatalidades.

Mi embarazo fue de alto riesgo, recuerdo que cuando todavía no había renunciado, dejé una mancha de sangre al levantarme del asiento en la oficina. La secretaria me indicó que me había bajado la menstruación. Fui al baño y comencé a temblar y llorar. Decidí ir al hospital sola sin decirle a nadie y en el elevador me encontré con Miguel, ese es su nombre. Me hicieron una ecografía que mostraba desprendimiento de la placenta. La recomendación médica fue descanso absoluto para intentar salvar al bebé. A la semana, me hicieron otra ecografía y, milagrosamente, la placenta se había adherido al vientre. Mi hijo mayor fue un guerrero desde antes de nacer. Le hablaba todo el tiempo y le decía que esperaba su llegada con ansias, que luchara porque lo amaba muchísimo y quería tenerlo en mis brazos. Estoy convencida de que me escuchaba desde el vientre. Cuando me daban contracciones prematuras, le decía que se quedara adentro, que todavía no era tiempo de salir. Estuve sola en el hospital, pues ni a mi familia le había dicho que estaba embarazada. No sabía cómo decirles que Emilio no era el padre, nuestro divorcio se consumó cuando ya estaba embarazada. Fue un secreto tóxico que guardé durante treinta y nueve años.

Juanita

Juanita murió cuando yo todavía estaba casada con Emilio. Pocos meses antes de su muerte, cuando su salud se deterioraba rápidamente, decidí viajar a Nueva Jersey para encontrarme con mi abuela y padrastro. Mi mamá no se encontraba bien y quería hablar conmigo. Accedí con la esperanza de tener una conversación de corazón abierto, pero fue un total desaire. Todo lo que ella buscaba era justificar su abandono, no tuvo una sola palabra amorosa para mí. Claramente quería aplacar su conciencia con excusas, pero no hubo un arrepentimiento sincero. Su lecho de muerte fue muy impresionante, su cuerpo era solo una sombra. Como si su propia vanidad e impulsividad la hubieran carcomido. Antes de morir ya parecía estar muerta.

Fui a su funeral sola. Mi esposo estaba en Texas y no podía viajar, pero era mejor así. Emilio y Juanita habían tenido una aventura durante una visita de mi madre. Me enteré cuando mi esposo me dijo que mi mamá era mucho más mujer que yo en la cama. No le guardé rencor por haberse acostado con mi esposo, pues sabía que desde joven ella era adicta al sexo, incluso obtuvo un diagnóstico psiquiátrico. Para mi abuelo, sin embargo, lo de pocavergüenza y puta no se lo quitaba nadie y no era culpa de él que ella fuera así. Nunca recibió ayuda psiquiátrica, mi abuelo pensaba que los "loqueros" estaban más locos que sus pacientes.

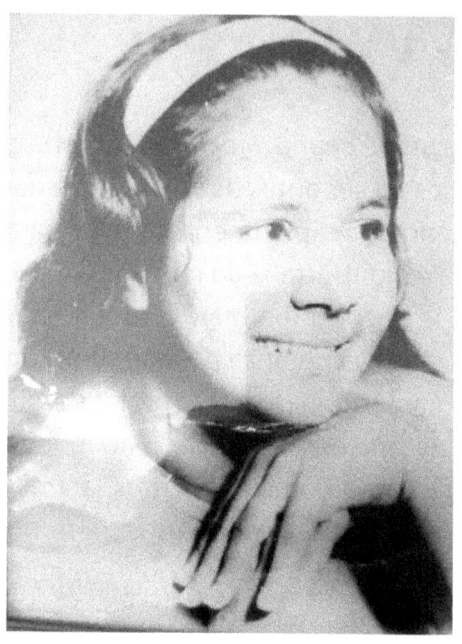

Juanita mi madre biológica

Juanita tuvo dos funerales. El primero se celebró en New Brunswick, NJ, donde vivió después de escapar de mis abuelos, echó raíces, tuvo cinco hijos y se casó. Todos los presentes lloraban, mi abuela estaba inconsolable y mis hermanos menores de cinco y cuatro años no entendían lo que pasaba. Yo no sentía nada, tenía el cuerpo adormecido. No lloraba ni mostraba ninguna emoción, mi cuerpo y mente estaban suspendidos en la nada.

Llegó un hombre que no conocía. Lo vi llorar con mucha tristeza. Pregunté quién era y resultó ser el amante de mi mamá. ¡Su esposo y su amante juntos en el funeral! Me enteré de que ella pensaba dejar a su esposo para irse con su nuevo amor, pero se enfermó antes de concretar el plan. Miré a un lado y vi a mi padrastro llorando, del lado contrario estaba su amante. No pude controlar la risa, las carcajadas fueron tan fuertes que me llevaron afuera para que me calmara. Los que estaban a mi alrededor no tuvieron más remedio que reírse cuando les expliqué lo que pasaba. Hasta en su muerte mi mamá fue única. El segundo funeral fue en Puerto Rico, podemos llamarle el funeral de los borrachos. Mi abuelo, mi hermano de parte de madre, Louis, y mi padrastro hicieron el ridículo. Louis se emborrachó hasta quedarse dormido y vomitar en una caja fúnebre, que mi padrastro terminó pagando.

Cuando quisieron cerrar el ataúd, me opuse llorando y gritándole a mi mamá que todavía quedaba mucho por hablar, que todavía tenía preguntas: por qué me abandonó, por qué me hicieron creer que ella era mi hermana durante seis años, si alguna vez me amó como su hija, si alguna vez pensó en mí, en cómo ganarse mi amor y respeto sin tantos regalos. Nunca me faltó nada material, pero no tuve amor. Todas estas preguntas sin respuesta me atormentaron por muchos años después de su muerte.

Noche tras noche, tenía la misma pesadilla: iba a su tumba y la despertaba bruscamente para preguntarle por qué nunca me quiso. Oraba y pedía ayuda para liberarme de esa pesadilla. Una noche la pesadilla cambió. Esa vez estaba esperándome sentada sobre la tumba y me regaló su hermosa sonrisa, mi mamá era preciosa. Me dijo que siempre me quiso, que no sufriera más. Me pidió perdón por todo lo que había sufrido y mientras se desaparecía me dijo "te amo, mi hija". Desperté con lágrimas de alivio y agradecí a Dios por ese lindo sueño. Más nunca he vuelto a soñar con ella.

Ciclos de condena

Tenía siete meses de embarazo cuando un día me levanté con mucho ánimo. Me senté en una mecedora y le hablé a mi hijo todavía en gestación. Le dije que me sentía sola y que añoraba tenerlo en mis brazos. Esa noche estaba haciendo las compras en el supermercado cuando de pronto sentí que me había orinado. Fui al baño y una mujer me dijo que había roto fuente. Andaba con mi tío y con su esposa, fui de inmediato a decirles que estaba de parto. Mi tío se volvió loco, en menos de cinco minutos llegamos a casa de mi abuela para que nos acompañara al hospital. Al día siguiente, viernes 13 de julio, nació Daniel por cesárea.

Como fue un bebé prematuro, se lo llevaron directamente al área de intensivo neonatal. Pesó cuatro libras y nació con los pulmones subdesarrollados. Tenía los intestinos paralizados y sufrió varias infecciones, meningitis y no recuerdo cuántas cosas más. Fue mucho lo que él pasó. Mi abuelo me pidió que me mudara de nuevo con ellos, pues iba a necesitar ayuda. No me arrepiento de haberlo hecho porque él fue una bendición para mi hijo. Lo quiso tan profundamente que casi se puede decir que lo idolatraba. Daniel pasó un mes en intensivo y las enfermeras lo dejaban cerca de la ventana con la cortina un poco descorrida para que yo lo pudiera ver las ocho horas que me mantenía de pie, a la espera que de cada dos horas me dejaran darle la botella de leche.

Al principio solo me dejaban verlo, no lo podía tocar porque estaba conectado a un respirador. Nunca le he contado esto a mi hijo y me pregunto si él verdaderamente sabrá cuánto lo amé desde que supe que estaba en mi vientre y cuánto lo amo todavía, a pesar de no haber sido la mejor madre. Sufría día y noche durante su hospitalización. Nada me consolaba, dormía loca por despertar para poder ir a verlo al siguiente día.

Pesaba cinco libras cuando por fin lo dieron de alta. Mi abuelo mencionó que había que inscribirlo, y volví a tener ese miedo paralizante de que se descubriera todo. Le dije que por ahora llevaría mi apellido porque Emilio no estaba en Puerto Rico. Pobre de mi amado exesposo, que por mis miedos siempre quedó enredado en la telaraña de mi familia. En el registro demográfico me informaron que como él era militar yo podía inscribir al niño con el certificado de matrimonio. A fin de librarme de ponerle el apellido de Emilio, expliqué que nos divorciamos durante el embarazo, pero, vaya suerte la mía, resultó ser que si las fechas concordaban, todavía podía inscribirlo presentando el certificado de divorcio. Así fue que Daniel terminó con el apellido de Emilio. Mi buen amigo nunca me recriminó por esto. Y yo nunca le pedí dinero ni permití que mi abuelo lo llevara al tribunal para solicitar manutención. Mi abuelo tuvo sus sospechas, pero yo le decía que no quería hablar del tema y que se olvidara de ello si quería seguir viendo a mi hijo.

El día que Daniel salió del hospital lo primero que hice fue llevárselo a mi bisabuela, la que se enfrentó a mi abuelo para decirle que iba a firmar los papeles que me autorizaban a casarme. Mi hijo era su primer tataranieto, la emoción la embargó al verlo. De mi bisabuela solo tengo lindos recuerdos, fue una de mis defensoras, una mujer valiente, fuerte y llena de sabiduría y amor para toda su familia. Como mi hijo nació el mismo día en que mi bisabuelo murió (cuando yo era pequeña), decidí ponerle su nombre como segundo nombre. Por eso mi hijo se llama Daniel Basilio.

A las dos semanas de nacido, le tocaba su primera cita médica. El médico se asombró de que hubiera aumentado cuatro libras en tan corto tiempo. Esto se lo debíamos a las mezclas de cereales que abuela hacía en la batidora y que Daniel se tomaba con mucho gusto. En esa cita también nos dieron la noticia de que el niño necesitaría terapias físicas y otras terapias para ayudarlo con sus movimientos motrices. No dejamos de pasar sustos, pues en otro momento me dijeron que quizás podría quedarse ciego o tener otras complicaciones por sus problemas intestinales congénitos. Vivía siempre nerviosa y preocupada por su salud.

Como tenía que regresar a la universidad, mis abuelos se ofrecieron a encargarse de las citas médicas de Daniel, pero fueron más allá: compraban lo que él necesitara y me decían que guardara mi dinero. El deseo de controlarlo todo era incesante. Comenzaron a tomar decisiones como si Daniel fuera de ellos. Tenía que insistirles para enterarme de lo que los médicos decían sobre el tratamiento de Daniel. No puedo negar que mis abuelos fueron de gran ayuda, pero no pasaba mucho tiempo sin que me agobiara el dolor contenido en los huesos de esa casa. No quería que mi hijo tuviera que vivir en el mismo ambiente que me dejó marcada de por vida.

No fue fácil tomar la decisión de irme nuevamente de la casa. Tuve que escaparme una vez más. Ese día, como de costumbre, salí por la mañana temprano para ir a la universidad. Me la pasé llamando a la casa sin que me respondieran. Me puse nerviosa y decidí llamar a los vecinos y preguntarles si mis abuelos habían salido. Me dijeron que fuera a buscar a mi hijo, que él estaba bien, pero que mi abuelo le había roto la cabeza a abuela con una plancha. Ella tuvo que brincar la verja para escaparse y buscar ayuda médica.

Los vecinos habían llamado a una de las hermanas de mi abuela para informarle lo que había pasado. Cuando llegué a recoger a Daniel, me contaron que lo primero que hizo mi abuela fue entregarles a mi hijo, y que lo habían bañado porque estaba lleno de su sangre.

Sin miedo y dispuesta a enfrentar otra vez a mi abuelo, fui a la casa a buscar nuestras cosas con la ayuda de una amiga. Me quedé dos noches con ella y con su mamá en lo que buscaba un hospedaje universitario que me aceptara con mi hijo. Lo encontré. Trabajaba a tiempo parcial en la universidad y recibía cupones, con esto me alcanzaba para mantenernos. Las muchachas del hospedaje se encariñaron con Daniel, comenzaron a compartir lo que cocinaban conmigo y por supuesto yo tenía que pelear para que dejaran al nene en su cuna. No sé qué es de la vida de ninguna de ellas, recuerdo que una había quedado embarazada y no se lo había dicho a su familia porque su novio estaba casado.

Llamé a casa de mis abuelos para saber qué había pasado después del violento pero común suceso. No puedo precisar cuántas veces se repitió esta historia. Para variar, mi abuela había vuelto con él, siempre víctima de su manipulación. A mi abuelo se le daba fácil manipular a los demás; el mismo bruto cobarde que destrozaba a golpes a su esposa le hacía creer al mundo que era un hombre recto de palabra.

No fue hasta mucho tiempo después que me enteré de la doble vida de este hombre honesto y vertical que sus amigos tanto respetaban. Vivía entre la casa de su esposa y la de su amante. Mi abuela lo sabía y la amante trataba de hacerle la vida imposible a mi abuela para que se dejaran. Al fin y al cabo, la mujer se cansó de esperar por él. Mi abuela, mujer sumisa, toleró infinitas infidelidades. Algunos fines de semana mi abuelo no regresaba a la casa, ella criaba sola a sus cuatro hijos, que hubieran sido más de no ser porque mi abuelo la hizo abortar dos veces a patadas.

En fin, cometí el error de decirles en dónde estaba viviendo. Me decían que no tenía que regresar a la casa, que continuara estudiando y les llevara al nene de lunes a viernes para que yo pudiera estudiar y trabajar, que ellos lo cuidaban. Yo en verdad necesitaba la ayuda y acepté, pero la armonía terminó cuando descubrieron que estudiaba Arte. Querían que fuera doctora, pero yo quería ser asistente de vuelo. Fue una guerra más y eso no bastó. Me pidieron que les diera la patria potestad de mi hijo. En ese momento quedó bien claro que si quería lograr mis sueños, tenía que distanciarme realmente, y comencé a darle vueltas a la idea. Pensé en la casa que era de mi mamá en Nueva Jersey, donde vivían mis hermanos con su papá, pero la descarté porque no me gusta el invierno, es muy frio allá. Irónicamente, más adelante terminé viviendo en ese estado.

La segunda huida

En aquel entonces, creía en el cristianismo y asistía a una iglesia de "superfe" (luego tuve una experiencia que me hizo dejar de creer que existe un dios). Comencé a ir los domingos por la mañana con mi hijo Daniel. En el segundo piso de la iglesia había una guardería y los padres se sentaban cerca por si los niños necesitaban algo. A mi lado se sentó un caballero de mediana estatura con brazos como los de Popeye. Tenía el pelo castaño, una linda sonrisa y se le notaba su amor ferviente al creador. No me ilusioné, pues estaba en la sección de padres y había otra mujer sentada al lado de él. "Qué lástima que sea casado", pensé. Al darnos el saludo de hermandad, noté que me miró de una manera tierna pero inapropiada para un hombre casado.

Cuando terminó el servicio, me preguntó mi nombre y si pensaba ir al servicio de por la noche. La mujer que estaba sentada al lado de él se había ido a buscar a su hija. Le respondí que no iría porque no me sentía segura viajando en transportación pública de noche y aproveché para preguntarle si él y su esposa irían. Se rió y me dijo que no estaba casado ni tenía hijos en la guardería. Resulta que estaba allí porque les ofrecía transportación a unos amigos que sí tenían hijos.

Intercambiamos unas cuantas palabras más y me invitó a almorzar con él y sus amigos, luego me llevaría al hospedaje. Sus amigos eran una pareja sumamente dulce, se veían muy enamorados, casi empalagosos. Me invitaron a su casa y ahí continuamos hablando. Forjamos una fuerte amistad al punto de que nos reuníamos para estudiar la Biblia. Poco a poco, Gil me fue enamorando, pero yo siempre estaba a la defensiva porque todavía amaba a mi exesposo. Cuando venía a Puerto Rico, siempre me buscaba para saludarme y eso me confundía. Los sentimientos se despertaban, teníamos la misma conversación una y otra vez. Me preguntaba si mi hijo era de él y yo le decía que no, que hiciera su vida, que se olvidara de mí. Yo tenía un pretendiente y quería darme la oportunidad. Nos dijimos adiós y pasaron más de veinte años hasta que volvimos a vernos.

Gilbert era un hombre humilde, trabajaba en construcción. Cuando mi abuelo se enteró, solo por eso lo menospreció. Lo humillaba contratándolo para hacer trabajos en la casa y luego decirle que le pagaba para que nos alimentara a mí y a mi hijo porque él era un don nadie, un muerto de hambre. Eso me hacía querer más estar con Gil, tanto que a los pocos meses de estar saliendo nos casamos y me fui a su casa sin decir nada. Cuando mis abuelos fueron a buscarme al hospedaje les informaron que yo me había casado y mudado. Me desaparecí con mi hijo, no tendrían oportunidad de quedarse con él. Gilbert ya estaba pensando en mudarse a Florida, toda su familia estaba allá y eso fue un bálsamo para mí, era el camino que anhelaba para poder lograr mis sueños.

Antes de irme, quise despedirme de mi padre biológico. Le escribí una carta en la que le dejé saber que no lo culpaba por lo que pasó cuando nací. Al contrario, sin conocerlo bien lo quería como mi padre y nunca le podría guardar rencor, ya que mi mamá y abuelo fueron los villanos de la historia. Fui a su casa a entregar la carta y me atendió su esposa, quien inmediatamente me dijo que ellos no tenían dinero. Me quedé fría, respondí que yo nunca les había pedido dinero ni lo haría jamás, que era una carta de despedida. Le pedí despedirme de mis hermanos y los llamó. Había compartido con ellos a escondidas de mi abuelo y por alguna razón tuve una conexión inmediata con mi hermana Tita, conexión que luego se convirtió en un gran amor y, al igual que Stefanie, mi hermana de parte de madre, es una gran amiga. Ellas son con quien siempre mantengo comunicación hasta el sol de hoy.

No me arrepiento de la decisión de irme de Puerto Rico porque siempre fui feliz fuera de la isla, aun con las experiencias amargas que pasé. Estaba embarazada de mi segundo hijo, también fue un embarazo de alto riesgo y durante siete meses tuve los mejores cuidados de médicos en Florida. La familia de Gilbert también me cuidaba mucho. Sin embargo, Gil tenía miedo de que me pasara algo y yo no tuviera a mi familia cerca. Cometimos el gran error de regresar a Puerto Rico.

Al mes de estar en la isla, los médicos notaron que mi cuerpo y el injerto de huesos y alambres no estaban tolerando bien el peso del embarazo. Decidieron hacerme una amniocentesis para saber si el bebé tenía los pulmones desarrollados y poder proceder con una cesárea. Cuando obtuvieron los resultados, me suplicaron que firmara los papeles para esterilizarme, pero rehusé hacerlo. Durante la cesárea tuve complicaciones, los médicos salieron para hablar con mi esposo, y mi abuelo aprovechó la oportunidad para intimidarlo y Gil accedió a que me cortaran las trompas de Falopio. Me confesó lo ocurrido al despertar de la anestesia y la ira sea apoderó de mí. Le juré que me las iba a pagar tarde o temprano, sin importar cuánto tiempo me tomara vengarme. Quizás no siempre mantengo mi palabra, pero cuando de venganza se trata, sí que la cumplo.

David nació sin complicaciones, pesó ocho libras. Era un bebé grande, con razón la columna vertebral había llegado a su punto de resistencia.

El odio hacia mi abuelo se multiplicó como llamas al viento, y a Gil lo comencé a ver como un enemigo. Odiaba pensar que si nos divorciábamos él podría procrear más niños, mientras que a mí me había tronchado los deseos de tener otro bebé. Mi abuelo, por otro lado, me dijo que así era mejor, pues ya no podía tener otro hijo de un don nadie.

    Quería castigarlos a como dé lugar. El primer paso sería irme sin decirle nada a mi abuelo. Le pedí a Gilbert que regresáramos a Florida y esta vez mis abuelos no supieron nada de mí ni de mis hijos durante nueve meses. Llegaron al extremo de pagar anuncios en radioemisoras hispanas de Florida para que me comunicara con ellos.

Gilbert

El embarazo de mi segundo hijo realmente exacerbó mis problemas de espalda, por lo que fui a Miami para consultar con un médico que era el mejor neurocirujano en aquel tiempo. En ese momento necesitaba a mi abuela, así que me comuniqué con ella y viajó para ver a mis hijos y luego acompañarme en Miami durante el tiempo que tuviera que estar en el hospital.

Como todo era un suplicio en mi vida, durante la cirugía, un neurocirujano cortó incorrectamente un hueso que no se podía cortar demasiado. Desperté de esa cirugía sin poder moverme y supurando líquido cefalorraquídeo entre las suturas. Me voltearon de cabeza para aliviar la jaqueca que da cuando no tienes suficiente de este líquido en el cuerpo. Tuvimos que esperar tres días, estuve en esa posición hasta que llegaran los tornillos que usarían para repararme la columna (años después me los sacaron y los guardo de recuerdo).

La recuperación sería larga y tenía que pasar a un hospital de rehabilitación, donde mi abuela no podía quedarse conmigo día y noche. Como tendría que estar hospitalizada más de un mes, dejé que mi abuela se llevara a mi hijo mayor a Puerto Rico, y el menor se quedaría con su abuela paterna. En sus días libres, Gilbert manejaba ocho horas en total para verme y regresar a casa. Estar sin mis hijos fue difícil, me preguntaba qué había hecho para merecer ese martirio, pero puse de mi parte y pude regresar a mi hogar. Fui a buscar a mi hijo mayor antes de que mis abuelos no quisieran devolvérmelo, no confiaba en mi abuelo para nada.

Más adelante, comencé a presentar otros síntomas: fiebre alta, dolor de cabeza y escalofríos. Pasé un día resistiéndolos, pero al final tuve que ir al hospital, y me diagnosticaron meningitis. Estuve tres semanas en aislamiento y el cuadro se complicó a tal grado que fue necesario hacer transfusiones de sangre. La soledad me abrumaba y sentía que nunca lograría mis metas y aspiraciones. Todo esto me desestabilizaba y deprimía terriblemente. No bien me habían dado de alta, tuve que regresar al hospital por vómitos y un dolor fuerte en el lado derecho del abdomen. Esta vez tuve que someterme a una cirugía para que me extirparan la vesícula. Sentía que la vida me negaba la estabilidad y tranquilidad que yo deseaba.

Algo cambió en mí después de pasar por estos procesos. La depresión se profundizaba cada vez más, y me di cuenta de que ya no quería a Gilbert como esposo, a pesar de que era un compañero y padre excepcional. Sabía que era un buen hombre, así que no quería hacerle daño pidiéndole el divorcio, pero si algo aprendí en casa de mis abuelos era que peleabas o huías, y yo no quería hacerle daño a nadie. Pensé en la vez que mi abuela intentó suicidarse tomándose unas pastillas. No lo logró y mi abuelo ni siquiera la llevó al hospital.

Como no quería hacerle daño a Gilbert, pensé que si me suicidaba dejaría a mis hijos en buenas manos. No sé por qué dejé de quererlo. A lo mejor mi amor comenzó a diluirse cuando me esterilizaron sin mi consentimiento, o quizás me decepcionaba lo débil que él era. No era asertivo y sentía que yo llevaba toda la carga. En fin, que recordé el intento de suicidio de mi abuela y pensé que yo sí lo haría bien para por fin salir de esta vida desdichada que me tocó vivir.

Me tomé quince pastillas de un antidepresivo y me encerré en el baño. Cuando no respondí a varios llamados de Gil, decidió tirar la puerta y me encontró desmayada en el piso. Según me contó luego, corrió conmigo a sala de emergencias. Allí comenzaron el proceso de lavado de estómago. Recobré la consciencia por unos minutos y forcejeé para que me dejaran morir.

Desperté en la unidad de cuidado intensivo conectada a máquinas que monitoreaban mi cuerpo. Tenía las manos atadas a la cama y la enfermera me indicó que no podía levantarme, pues se me había debilitado el corazón. Añadió que estaba viva de milagro, que los médicos trabajaron mucho para salvarme y que el tío de mi esposo, que era cristiano, había reunido a personas de distintas iglesias para hacer una cadena de oración. No se movieron del hospital hasta que desperté.

Al día siguiente, me informaron que los médicos habían notificado el incidente a la Policía. Se presentó el caso ante un juez para que diera la orden de transferirme a un hospital psiquiátrico. El juez estaba sorprendido con el caso, al parecer no se veían muchos casos así en su jurisdicción. Ordenó que me recluyeran en el hospital psiquiátrico durante al menos quince días. No podía apelar la decisión y la estadía sería más larga si no cooperaba con el tratamiento. Lo único que podía hacer era acatar la orden.

Pero yo había aprendido el arte de la manipulación con un gran maestro. Sabía que la mejor forma de salir de allí era fingiendo que me sentía mejor y afirmando el cuento trillado del positivismo. Decía lo que ellos querían oír, que me arrepentía de lo que hice, incluso aconsejaba a otras personas y las consolaba. Logré salir de ese hospital y volví a casa con mis hijos, pero me alejé de todos mis allegados. No quería que vinieran a mi casa a hablarme de lo que dice la Biblia sobre el suicidio. Me aislé más que nunca, comencé a trabajar de nuevo y retomé mi rutina. Trataba de no interactuar con mi esposo. Me sentía mejor si no lo veía, pero como quiera intenté salvar la situación.

Pensé que me sentiría mejor y quizás podría reconectar con él si cambiábamos de ambiente y nos mudábamos a un lugar nuevo con más lujos y mejores instalaciones recreativas, pero era solo la mente tratando de escapar de una triste realidad, la de un divorcio que no deseaba enfrentar por lástima. Yo quería separarme de él definitivamente y esta fue una actitud repetitiva en mi vida; mi instinto era huir a la más mínima señal de problemas.

En ese complejo de vivienda conocí a Sheila, mi primera amiga desde que llegué a Florida. Sheila y yo íbamos a la misma iglesia, ambas éramos infelices en nuestros matrimonios. La complicidad que forjamos nos hizo inseparables; intercambiábamos sentires y hacíamos todo juntas. Los fines de semana pasábamos el día con nuestros niños en la piscina y por la noche salíamos a bailar. Pronto le cogí el gusto a la libertad.

Para ese tiempo, mi vecino comenzó a saludarme por las mañanas al salir a trabajar y por las tarde cuando coincidíamos. En una ocasión me preguntó que por qué gritaba tanto y le expliqué que mi esposo y yo no congeniábamos. Continuamos hablando y, a pesar de que él no entendía español, empezó a ir al club hispano al que yo iba con mi amiga. Era de Pakistán y vivía con sus hermanos; uno de ellos estaba casado con una joven pakistaní y el otro comenzó a interesarse en mi amiga.

Fue entonces cuando tuve el valor de pedirle el divorcio a Gilbert. Le pedí que por favor se mudara. Me partía el corazón tener que decirle que no lo amaba, él fue demasiado bueno conmigo. Estuvo fuera un día y regresó con su cepillo de dientes porque eso le aconsejó el pastor de la iglesia, que exigiera quedarse en su hogar. ¿Cómo era posible que un supuesto pastor le diera tan mal consejo sin pensar que podía estar incitando una situación agresiva? Llamé a la Policía y le recomendaron irse para evitar problemas legales por insistir en entrar a la fuerza. Al otro día me comuniqué con una abogada para poner la demanda de divorcio.

Durante el proceso de divorcio mi esposo sugirió que, como yo ganaba más dinero que él, le permitiera pagar solo cien dólares al mes por la manutención de nuestro hijo. Accedí, pero a cambio pedí la patria potestad del niño, y acordamos que él podría verlo cuando quisiera.

Le informé a mi abogada sobre el acuerdo, y ella confirmó que presentaría el caso al tribunal con mi petición. Llegó el día de ir a finalizar el divorcio. Iba tranquila y confiada de que no habría inconvenientes. No obstante, el juez falló en contra del acuerdo de manutención porque según las tablas de pensión alimentaria y el salario de Gil, el pago correspondiente era de doscientos al mes. Le refuté al juez diciéndole que no necesitaba que ningún hombre mantuviera a mi hijo, pero no tuve más remedio que callar para evitar un arresto por desacato.

Por la tarde, Gilbert llegó a mi casa furioso. Yo estaba afuera en el estacionamiento y ahí mismo comenzó a insultarme. Decía que lo había cogido de pendejo. Traté de explicarle lo que había pasado, pero no me creyó y amenazó con atropellarme. Al ver el carro venir hacia mí, corrí a la casa y llamé al 911.

La Policía llegó en cuestión de minutos. Yo temblaba de nervios. No podía creer lo que había pasado. Sabía que Gil no era un hombre violento y él siempre creía en mi palabra. Me preguntaron todos sus datos, lo buscaron por su trabajo, en las casas de sus familiares y en la iglesia, pero se había escondido. Por las dudas, dejaron a un policía de guardia para asegurar que no ocurriera otro incidente.

Al siguiente día, sonó el teléfono cerca de las seis de la mañana. Era él pidiéndome perdón y que por favor quitara la denuncia de maltrato e intento de asesinato. Tuvimos una conversación larga y le conté con calma lo que ocurrió en el tribunal. Los dos lloramos. Le dije que su actitud me tomó por sorpresa, que yo nunca le mentía y que lo menos que quería era hacerle daño. Él fue un buen padre para mi hijo mayor, nunca tuvo preferencia entre mis dos hijos. Fue un buen esposo, siempre me apoyó en todas mis decisiones y soportó mis locuras. Me protegía cuando tenía que hacerlo. Le pregunté una y otra vez cómo pudo pensar tan mal de mí. Si el juez lo hubiera permitido, yo no hubiese pedido manutención para nuestro hijo. Nos perdonamos por todo lo malo que pasó entre nosotros y hablé con los detectives, quienes accedieron a mi petición de quitar los cargos después de yo convencerlos de que fue un malentendido y que él nunca había sido violento. Al contrario, la volátil era yo. Finalmente, Gilbert pudo regresar a su trabajo y vida cotidiana. Mantuvimos la amistad durante mucho tiempo. El veía a David cuando quería y se lo llevaba algunos fines de semana a casa de su mamá, donde él vivía.

Este capítulo de mi vida tuvo fatalidades y triunfos, pero, sobre todo, me dio el regalo de mi segundo hijo. Siempre le tendré un gran cariño y respeto a este hombre.

Khalid, un gran error

La vida continuó y decidí casarme con mi vecino pakistaní. Puedo decir con toda seguridad que esta es la única expareja a quien no le guardo ningún lugar en mi corazón. Nos casamos por lo civil en el tribunal, pero tuvimos una interesante ceremonia tradicional de su religión. Llegué a la mezquita, me quité las sandalias para poder entrar y me presentaron a la persona que oficiaría el ritual, que en sí no fue más que una negociación de cuánto dinero yo quería en caso de que Khalid se quisiera divorciar y cuanto pedía por casarme. Me levanté y les dije que se equivocaban conmigo, que yo no estaba en venta. El caballero a cargo de la ceremonia me explicó que esa era la costumbre, que dijera cuánto quería. Trataba de convencerme de que eso era algo bueno para mí. Luego me explicó en inglés lo que él diría en urdu durante la ceremonia y lo que yo tenía que repetir. Fue tan extraña la boda como la relación.

Khalid era amable, les daba a mis hijos lo que ellos pidieran, me llenaba de prendas y me pedía que hiciera los trámites para obtener la ciudadanía estadounidense. No me sentía segura de hacer esos trámites. Me fastidiaba la paciencia que su familia, sobre todo Nayla, la esposa de su hermano, tenía aires de superioridad y grandeza. Ella se la pasaba hablando mal de Estados Unidos y decía que su país era mejor. A mí se me dañaba la mente pensando cómo vengarme y obligarla a regresar a su país si era tan bueno como ella decía. Incluso le dije que me había declarado la guerra con sus comentarios e ínfulas de grandiosidad.

Con mi tercer esposo las peleas eran porque yo pensaba que sus familiares eran puercos, y así se lo dejaba saber. Siempre tenían la casa apestosa y llena de cucarachas. No se bañaban a diario, pues se consideraban limpios al tener que lavarse manos, pies y partes íntimas cinco veces al día para hacer las oraciones de la religión musulmana. Decir que tuve un choque cultural con estas personas se queda corto.

Comencé a dudar de ellos cuando Khalid me dijo que tenía que ir al consulado de Pakistán en Washington, DC, donde le actualizarían el pasaporte para poder tramitar su ciudadanía. Pero no iríamos a una oficina, sino que nos recibiría el cónsul en su hogar. Me sentía insegura, algo me decía que no confiara en mi esposo y dudaba mucho de su insistencia en obtener la ciudadanía. El cónsul me informó que al entrar a su casa yo estaba en territorio pakistaní y que los cuerpos policiacos no tenían jurisdicción en su hogar por más que yo gritara. Todos mis sensores se activaron, estaba a la defensiva. Miraba muy seria a mi esposo y él me hacía señas disimuladas de que me calmara. Vi entrar a una jovencita, una adolescente a quien él ordenaba como si fuera una sirvienta. Para mi sorpresa, resultó ser su esposa. En voz bien baja, ella me contó que la primera esposa de su esposo murió y sus padres se la ofrecieron a él, un hombre sumamente mayor que tosía constantemente porque era un fumador empedernido.

Tuve que quedarme dos largos días en ese lugar en lo que nos entregaban el pasaporte nuevo y los documentos de mi esposo. Paseamos por la ciudad, ellos se tomaron fotos frente al Capitolio, caminamos por muchos sitios, fuimos a los museos y a otros lugares de atracción. Por más cansada que estuviera, no podía dormir bien en esa casa. Temía que me pasara algo. Escuché al cónsul recriminarle a Khalid por casarse conmigo, pues yo nunca entendería sus costumbres y terminaría rebelándome en su contra. En todo momento tenía que usar la ropa que vestían las mujeres pakistaníes, el *sari*. Me regalaron ropa preciosa, colorida y elegante. En cuanto le entregaron todo, insistí en que nos fuéramos porque necesitaba regresar con mis hijos, pero más que nada quería salir de allí.

Cuando Khalid obtuvo la ciudadanía, todo cambió. Sus hermanos discutían mucho con él y su mamá en Pakistán no me aceptaba. Yo cada vez me enfurecía más con ellos. Tenía y aún tengo un carácter volátil. Mi esposo y yo discutíamos constantemente por su familia y por lo sumiso que era a pesar de ser el hermano mayor. Me advertía que su hermano tenía ideas muy radicales en contra de Estados Unidos, y yo en mi ignorancia respondí que a mí no me importaba lo que ellos pensaran.

En una de nuestras muchas discusiones, estábamos en mi carro y de la nada lo agarré por la cabeza y lo lancé contra el cristal delantero. El vidrio se rompió y él sangraba. Lo miré indiferente y le dije que tenía que pagarme el cristal que había roto. No me importó su dolor. Estaba tan furiosa que lo saqué del carro y lo perseguí por toda la calle para caerle encima. Él gritaba que lo perdonara, que no lo corriera. Mis vecinos no llamaron a la Policía para no meterme en problemas. Al contrario, se reían y gritaban "dale duro, Annie, para que toda esa gente se largue de aquí".

Cuando me cansé de pelear, lo llevé al hospital y le advertí que dijera que fue un accidente si no quería saber de lo que yo era capaz, especialmente con la esposa indocumentada de su hermano. Le suturaron la frente y al otro día fuimos a remplazar el cristal roto, que él terminó pagando. Me había convertido en un ser cruel como mi abuelo.

Durante mi relación con Khalid conocí a un puertorriqueño con un carisma maravilloso. Me presenté como Annie Siddiqui y él me preguntó curioso por la procedencia del apellido. Le conté que estaba casada con un pakistaní y que su drama familiar me tenía hastiada.

Rey era amigo del grupo con el que compartía los sábados. No iba seguido a la discoteca, pues su horario de trabajo no se lo permitía. Comenzamos a hablar, él era el chistoso del grupo, siempre tenía una colección de chistes para contar. Me invitó a bailar salsa, pero yo solo sabía bailar merengue. Insistió diciéndome que podía enseñarme y fue un desastre, nos reímos de todas mis torpezas. Pasamos la noche hablando en la discoteca y luego fuimos a comer. Me comenzó a agradar su personalidad simpática y su sentido del humor. Me pidió mi número de *beeper* y se lo di. Quedó en llamarme y nos despedimos con un beso en la mejilla.

No pensé que me llamaría al día siguiente para invitarme al parque a alimentar a los patos del lago, pero acepté con gusto. Mientras hablábamos de nuestras familias, me besó y yo le correspondí. Quedé prendada de su forma de ser, de cómo me hacía reír tanto. Con él me olvidaba del drama con mi esposo. Seguimos viéndonos en la discoteca cada vez que podíamos y también en secreto.

Decidí hablar con Khalid sobre nuestros problemas, que eran cada vez más graves debido a nuestras diferencias culturales. Sugerí que nos divorciáramos. Su reacción fue no dejarme salir del apartamento. Mi amiga le preguntó por mí y él dijo que yo me había encerrado y no quería salir. Sheila, que no era boba, lo miró seriamente y le dijo que si yo no salía en diez minutos ella llamaría a la Policía. Inmediatamente me llamó para que saliera. Lo que él no sabía era que ya yo tenía una venganza planificada.

Comencé a desaparecerme mientras mis hijos estaban en la escuela para seguir viéndome con Rey. Cuando salía a bailar, mi sobrina que vivía conmigo se quedaba cuidando a mis hijos. Ella tenía diecinueve años y tenía problemas con su mamá en Puerto Rico. Unos meses antes me había pedido ayuda y yo le pagué el pasaje para que viniera a vivir con nosotros. Un sábado no regresé a la casa hasta el siguiente día por la mañana y Khalid me estaba esperando afuera. Me preguntó por qué no había regresado la noche anterior y le dije que me había quedado acompañando a una amiga que estaba deprimida. Por supuesto, era mentira, había pasado la noche con Rey en un motel y ya me estaba enamorando de él.

Khalid no quería divorciarse y se sumió en una depresión. Al llegar una de esas noches que salí a bailar, perdió el control; se arrancó la camisa rompiéndola y me suplicó entre lágrimas que no lo dejara. Yo no quería seguir con él, le dije que estaba mal, que necesitaba ayuda profesional. Terminé llevándolo a un hospital psiquiátrico, no porque me importara que estuviera deprimido, sino porque quería deshacerme de él.

Un día estaba con mi amiga en el carro esperando que la luz del semáforo cambiara a verde. Vi pasar a un vehículo del Servicio de Inmigración. Le pregunté a mi amiga "¿qué tal si denuncio a Nayla? Quería quitarle lo de prepotente, esa mala costumbre de hablar mal de Estados Unidos y de sus mujeres. "Vamos a ver si la deportan", le dije a mi amiga. Cambió el semáforo y me fui detrás del camión. Mi amiga me gritaba que estaba loca y yo me reía. El vehículo se detuvo en un restaurante puertorriqueño que yo conocía muy bien, pues la abuela de mi segundo hijo cocinaba para ese local.

Me acerqué a los oficiales, que para mi dicha eran de Puerto Rico, y les conté que mis vecinos estaban en el país ilegalmente. Yo solo pensaba en lo cansada que me tenía Nayla con su actitud altiva. Me pidieron la dirección y les informé hasta del carro que conducían con número de tablilla, color y todos los datos que pudieran ayudar a su captura. Al día siguiente, los oficiales se presentaron en la residencia de mis cuñados, pero solo estaba mi esposo. Le advirtieron que ocultarlos es un delito, que les aconsejara dar la cara. Khalid los puso sobre aviso y estos inmediatamente regresaron a Pakistán. A la misma vez, Khalid desapareció. Quizás creyó que de esa forma no tendría que divorciarse, pero no conocía las leyes del país ni tampoco a mí.

Cambié las cerraduras del apartamento, reforcé las ventanas con seguros adicionales y les informé a mis vecinos, quienes, dicho sea de paso, eran todos puertorriqueños, que estuvieran pendiente por si él venía cuando yo no estuviera. El hermano menor de mi esposo había comprado una escopeta de precisión y decidió llevarla por avión hasta Pakistán. La aerolínea le permitió registrarla como parte de su equipaje. Lo que él no sabía era que una vez llegara a Pakistán lo arrestarían por transportar armas ilegales. Él creía en la *yihad* y en Bin Laden, cosa que yo no conocía de esa familia. Eran lo que se conoce como una célula durmiente.

Antes de irse, me habían pedido que les guardara un maletín que era muy importante para ellos. La curiosidad nos mataba a mi amiga y a mí. Intentamos abrirlo, pero no logramos dar con la clave. Incluso llamamos a mi sobrina en busca de ideas. No fue hasta la madrugada que a ella se le ocurrió tratar el 000, la numeración genérica con la que vienen los maletines. Pudimos abrirlo y comenzamos a ver todos los documentos que estaban adentro. Mi amiga y yo quedamos perplejas, mi sobrina inquieta nos preguntó casi gritando por teléfono qué fue lo que encontramos. Había distintas identificaciones y pasaportes de cada uno de ellos con diferentes nombres y documentos en idiomas que no entendía. Tenían identificaciones de Canadá e Inglaterra, igual con diferentes nombres. Yo no tenía idea de quiénes eran estas personas. Decidí que lo mejor era entregar ese maletín al Servicio de Inmigración y solicitar que le anularan la ciudadanía a Khalid por la evidencia que les presentaba. Así lo hicieron.

Pasé nueve meses sin saber de mi esposo. Consulté con una abogada, quien me orientó sobre el proceso que debía seguir para divorciarme. Tenía que poner un edicto en los periódicos para informar que yo no sabía de él, con la información de la abogada para que él se comunicara si veía el anuncio. Pasó el tiempo requerido por ley. Le conté a la abogada sobre el maletín y ella incluyó esa información en la petición de divorcio. Se presentó el caso y el juez, después de haber estudiado la prueba, disolvió el matrimonio sin hacer preguntas.

Decidí mudarme para que ninguno de ellos supiera dónde encontrarme. Cambié a mis hijos de escuela, cambié de carro y por mucho tiempo viví con miedo. Los oficiales de inmigración me advirtieron sobre ellos y seguí sus instrucciones. Todavía queda latente el miedo de que me encuentre la célula terrorista de la que Khalid formaba parte.

Rey, decesos y el fin de una era

Seguí saliendo con Rey, me enamoraba cada día más de él aunque me dijera que no me enamorara porque no había nacido para estar casado y yo era de las que buscaba casarse. Se la pasaba escuchando la canción "Eres feliz" de Bobby Valentín. Yo me sentía incómoda al escuchar esa canción, no era mi deseo que nadie se sacrificara por mí si no me amaba. Decidí no verlo más y cuando ya casi no pensaba en él, tocaron a mi puerta.

Mi sobrina se había enamorado del mejor amigo de Rey y su amigo estaba loco por mi sobrina. Rey le preguntaba por mí y ella le contestaba que no sabía nada, pues yo le había pedido que no le diera información. Cuando abrí la puerta, allí estaba Rey con una sonrisa pícara. Venía con una bicicleta para mis hijos. Lo invité a pasar y me dijo que no me podía olvidar. Lo miré un poco confundida y le respondí que fue él quien me pidió que no me enamorara y eso estaba haciendo: sacándolo de mi mente y de mi vida. Nos quedamos hablando y me pidió que volviéramos a intentarlo, que esta vez él quería que viviéramos juntos, pero sin casarnos. Aunque todo fue muy inesperado, acepté y él se mudó conmigo.

Rey era un hombre maravilloso y sumamente cariñoso. Con él me sentía estable y segura, por fin teníamos una rutina, una constancia, pude ofrecerles a mis hijos la experiencia de cenar juntos todas las noches en la mesa. Era lindo preparar la mesa entre todos. Estaba tranquila y ambos buscábamos llegar del trabajo para estar juntos. No hay hombre perfecto, pero Rey fue lo más perfecto que pude conocer, si bien no lo reconocí en aquel entonces. Aún me duele lo mal que le pagué toda su devoción.

Otra noche volvieron a tocar a mi puerta, pero esta vez era Khalid. Pensaba que todavía era su esposa y que, por consiguiente, esa era su casa. Había pasado más de un año desde la última vez que nos habíamos visto. Le expliqué que estábamos divorciados y que había comenzado una nueva vida sin él. Le pregunté si se acordaba del maletín de su familia, le conté lo que había hecho con él y le informé que se le había revocado la ciudadanía. Le pedí que se fuera o de lo contrario llamaría a la Policía. Khalid se fue y de inmediato llamé a Rey, quien no vaciló en salir corriendo del trabajo para protegernos.

A los pocos días, Rey me pidió que nos mudáramos a un complejo de apartamentos con acceso controlado para que Khalid no pudiera volver a entrar. Acababan de construir uno muy bonito cerca de mi trabajo, fuimos a verlo y lo más que nos gustó fue que podíamos ver en el televisor quién estaba tocando el timbre antes de que la persona tuviera acceso al complejo de apartamentos. Nos mudamos y nunca más volví a saber de los Siddiqui.

Continuamos en nuestra cotidianidad familiar, pero comencé a sospechar de Rey porque me pedía el carro constantemente. Su auto era viejo, y el mío, moderno. Me decía que él me buscaba al trabajo para ahorrar gasolina, pero a mí me resultaba sospechoso, sobre todo cuando yo tenía que trabajar hasta tarde y a él supuestamente no le molestaba tener que levantarse para buscarme. Como persona controladora y manipuladora que soy, le expresé a Rey que me sentía aburrida en la relación y que preferiría estar sola con mis hijos, pues no veía un futuro entre nosotros. Sabía que él no tendría a dónde ir ni mucho menos podría pagar un apartamento propio con su sueldo, así que le pedí que rompiéramos. Al siguiente día, apareció en mi trabajo con una sortija de compromiso.

Antes de entrar al tribunal para casarnos, me dijo que si no funcionaba podíamos divorciarnos. No podía creer lo que este hombre me decía justo en ese momento. Rey tenía tres hijos de su relación anterior, pero nunca se había casado, yo fui la primera mujer a quien le propuso matrimonio. Pensé en eso y comprendí su temor. Le respondí que efectivamente para eso existe el divorcio y que no obligo a nadie a estar a mi lado, pero en realidad me casé dolida y resentida por ese comentario fuera de lugar.

No quería faltar a mi trabajo, pero, cuando mi jefe se enteró de que me había casado por la mañana, me preguntó qué hacía allí y me envió a la casa. Rey se asombró de verme y le conté que me habían dado el día libre. No tuvimos intimidad esa noche. Cuando yo trataba de iniciar un momento íntimo, me decía que yo siempre quería sexo. Sus palabras se sentían como alfileres en el corazón, mi intuición gritaba que esa relación no sería duradera. Me culpaba por haberme casado a sabiendas de que él no lo deseaba. Tenía claro que cuando un hombre te rechaza y dice que siempre quieres sexo, aun cuando solo le das un abrazo, es porque los sentimientos no son mutuos.

No tenía trabajo al día siguiente, así que decidí ir al supermercado cerca de mi casa. Cuando iba de salida, una mujer se me acercó para preguntarme si yo conocía a Rey. Le dije que sí y le pregunté quién era ella. Resultó ser "su novia". Le contesté que yo era su esposa y que ella en todo caso era la amante. No le dije nada más, solo quería llegar a enfrentar a Rey. Cuando estaba montándome en el carro, la amante comentó que ese era el carro de Rey. Me eché a reír y le dije que ese hombre no tenía en qué caerse muerto, que el carro era mío y que ella era un pasatiempo.

Llegué a la casa iracunda, cegada por la rabia, poco me faltó para entrar el carro por la puerta. Cuando Rey se acercó para ayudarme con la compra, tiré las bolsas al piso y comencé a golpearle la cara y todo el cuerpo hasta tumbarlo. Se levantó y me aguantó las manos. Me preguntó qué me pasaba y le conté a quién había conocido en el supermercado. Del pasme perdió el color y las palabras. Yo simplemente lo boté de la casa.

Al siguiente día me pidió una oportunidad jurando que nunca más lo volvería a hacer. Le pregunté cómo podía estar segura de que la relación con su amante no continuaría. En ese momento yo quería cumplir su profecía de anular el matrimonio si no funcionaba. Me pidió que lo acompañara en el carro y que tuviera paciencia. De camino, hizo una llamada y solo dijo: "Voy para tu casa, espérame.".

Llegamos a un complejo de apartamentos no muy lejos de mi casa y la vi a ella esperando afuera. No me vio y corrió para abrazarlo. Él le aguantó los brazos y le gritó que la mujer del carro era su esposa, y ella, un juego. Le advirtió que no se me acercara nunca más. Ella lloraba desconsolada y yo me reía por dentro. Cuando llegamos a la casa le dije que yo no tenía la capacidad de perdonar, pues es un signo de debilidad, y le juré que me vengaría de él, aunque pasaran diez años. Rey creía que yo estaba hablando así porque estaba dolida, pero nunca miento cuando le juro algo a un hombre. Tenía una meta bien clara en la vida: no ser como mi abuela. No había nacido un hombre capaz de lastimarme sin yo herirlo a él.

Rey me contó sobre las condiciones en las que vivían sus tres hijos, un varón y dos hembras, y la madre de ellos. Me preocupé por ellos y le dije que podíamos traerlos a vivir con nosotros. No teníamos disponible el dinero para los pasajes, así que empeñé todas mis prendas para comprarlos.

Sus hijos eran unos muchachos muy dulces y amables. Como era de esperarse, la mamá de ellos tuvo sus reservas sobre irse a vivir con nosotros, pero me la fui ganando poco a poco. Me contó sobre su relación con Rey, y comprendí lo mucho que él la había herido.

Yo trabajaba tranquila porque sabía que mis hijos estaban bien acompañados todo el tiempo. Virtudes se convirtió en mi amiga y en otra madre para mis hijos. Vivieron con nosotros casi un año hasta que encontraron trabajo y pudieron tener su apartamento no muy lejos de nosotros. Tengo tanto que agradecerle. Ya ella dejó este mundo, pero siempre la llevaré en mi corazón, fue la mejor amiga que tuve.

Al poco tiempo, comencé a sentir un dolor bien fuerte en la parte baja del abdomen. Rey me llevó al hospital, donde hicieron las preguntas de rigor y me preguntaron cuándo había tenido mi última menstruación. No me acordaba y les expliqué que me habían cortado las trompas de Falopio cuando tuve a mi segundo hijo y que además me habían extirpado un ovario. Me hicieron una prueba de embarazo que resultó ser positiva. Una de las trompas se unió y tuve un embarazo ectópico. Rey y yo comenzamos a llorar, me sentía burlada por la vida. Yo deseaba otro hijo y tuvieron que llevarme a cirugía para sacármelo. Durante la operación, el médico notó irregularidades en el útero y decidió hacerme una histerectomía total.

Al despertar de la anestesia me sentía rara, sentía que había despertado en un cuerpo que no me pertenecía. No tuve tiempo para prepararme mentalmente para una histerectomía, fue duro de digerir. Me deprimí tanto que Rey tuvo que tomar una licencia de ausencia en su trabajo para estar conmigo. Pensaba en el bebé que no pude tener, me preguntaba por qué me pasaban esas cosas, pero lo más difícil era no entender lo que pasaba en mi cuerpo al no poder producir hormonas. Tuve toda clase de problemas físicos y psicológicos.

Una noche me invadió un miedo intenso, inexplicable, al punto de que Rey me tenía que acompañar al baño. Temblaba del miedo y no sabía por qué. Poco antes de la medianoche sonó el teléfono y vi en el identificador de llamadas que era mi hermana Stefanie. Por la hora, pensé que a lo mejor se había peleado con su pareja, pero sus noticias eran otras. Su saludo fue "Annie, siéntate porque tengo que decirte algo importante". Le contesté que simplemente me dijera, pero insistió en que me sentara y así lo hice. Rey se sentó a mi lado. Mi hermana menor, Marisol, había muerto. La había atropellado un autobús. Stefanie me dijo que la había tocado y estaba fría. Yo estaba conmocionada y le refuté, le dije que si estaba en el suelo seguro tenía frío, que la arropara en lo que llegaba la ambulancia. Pero ya la habían declarado muerta. Yo no podía hablar, le pedí a Rey que hablara con Stefanie porque ella me estaba jugando una broma de mal gusto.

Esa noche no dormí, solo lloraba. Rey se quedó a mi lado haciéndome compañía sin hablar. Por la mañana, levanté a mis hijos para contarles que saldríamos de viaje porque Marisol había muerto. Ellos no entendían bien lo que pasaba. Cuando llegué a Nueva Jersey, acompañé a mi hermana Stefanie a escoger el ataúd junto a mi padrastro. Luego fuimos a comprar la ropa con la que enterrarían a Marisol. Fue un vestido de princesa, mi amada hermanita solo tenía dieciocho años.

Creo que los funerales alteran mi mente. Mi hermano Louis se desmayó al ver a Marisol en el ataúd. Todos corrieron a ayudarlo, pero yo me quedé sentada muy seria hasta que de repente me eché a reír a carcajadas. Rey trató de calmarme, pero yo no podía parar de reír como una loca. Apenas me había calmado cuando entró mi hermano Edwin, quien comenzó a gritar "mi hermanita, mi hermanita" cuando vio el ataúd. Me volvió el ataque de risa y me salí del lugar. Afuera había otros familiares y algunos de mis hermanastros, que al verme reír de esa forma también comenzaron a reírse.

Todos entendían que era una respuesta nerviosa. No puedo ir a un funeral de la familia porque me ataca la risa, pero no hago más que poner pie en mi casa y no puedo dejar de llorar.

La vida continuó como siempre. Para ese entonces, mi abuelo ya tenía enfermedad de Alzheimer en etapa avanzada. Antes de estar tan mal, él pedía que le llevara a mis hijos para poder verlos, pero yo siempre contestaba que estaba ocupada con mi trabajo. Mi abuela me cuenta que cuando ya él estaba hospitalizado en el Hospital de Veteranos, preguntaba por mis hijos en sus momentos lúcidos. No tenía deseo alguno de complacerlo. No me interesaba verlo, todavía sentía mucho dolor y rencor.

Acababa de salir de una cirugía de la columna cuando recibí una llamada de mi tía Vicky, hermana de mi abuela. El hombre que tanto daño había causado por fin había muerto. Decidimos asistir al funeral, pero no llevé a mis hijos. Ni en su muerte quería que los viera ni mucho menos los expondría al espectáculo que yo sabía se iba a formar en ese funeral, así que los dejé con Virtudes y cogí un avión rumbo a Puerto Rico. Al llegar a la isla nos quedamos en un apartamento que mi abuela tenía en Carolina. En efecto, en la funeraria se formó un circo de vecinos y personas a las cuales mi abuelo les había hecho la vida imposible. No fueron a verlo porque les doliera su muerte, sino porque querían estar seguros de que en verdad estaba muerto. Pero el verdadero espectáculo se dio cuando la hija que mi abuelo tuvo fuera del matrimonio se presentó a la funeraria con sus hijas y su mamá. Ellas eran las mujeres que mi abuela más ha odiado hasta el sol de hoy. Mi abuela las echó del lugar, pero mi tía les dijo que se quedaran, algo que mi abuela nunca le ha perdonado.

Antes de que cerraran el ataúd, mi tío me preguntó si quería despedirme de mi abuelo, que él podía ayudarme a caminar hasta el ataúd, pero yo me sentía bien con la idea de no despedirme. Recordé las pesadillas que tuve cuando mi mamá murió y no quería volver a pasar por esa odisea. Decidí no ir al cementerio, ya que lo iban a enterrar en donde estaba mi mamá. Regresé a Florida pensando que había cumplido con lo que la sociedad esperaba de mí.

A los pocos meses, invité a mi abuela a vivir conmigo en Florida. No quería que la gente le continuara recordando a mi abuelo. Desde entonces, mi abuela pasaba los días conmigo disfrutando de mis hijos. Por fin fue libre.

Había aumentado de peso por los nervios, la ansiedad, la impotencia y la rabia que sentía. Me poseía un odio contra la vida y recordaba cuando Emilio, mi primer esposo, me decía que yo estaba gorda por el simple hecho de que no pesaba 110 libras como él quería. Me enteré de que había una cirugía nueva en la que se reducía el estómago para perder peso. Busqué información y el plan médico de Rey cubriría la cirugía bariátrica si un especialista decía que me ayudaría física y psicológicamente, así que me di a la tarea de hacer una cita con el doctor que hacia esa cirugía en Orlando, Florida.

Mi problema de espina dorsal me hacía elegible para la cirugía. Seguí el procedimiento de ir a las reuniones de grupo y me sometí a análisis psicológicos que sabía manejar muy bien hasta que me dieron fecha para la cirugía. Cuando me tocó ir al especialista para firmar las autorizaciones y leer las cláusulas pequeñitas que casi nadie lee, Rey se preocupó porque se trataba de una cirugía experimental, y me dijo que le parecía riesgosa. En frente del médico, con los papeles en la mano, le dije que tenía dos opciones: firmaría los documentos para la cirugía o iríamos directamente a un abogado a firmar los del divorcio. El médico, asombrado, nos dijo que podíamos tomar un tiempo para pensarlo, pero yo no cambiaría de opinión, así que reiteré mi amenaza. Rey accedió, pero él tenía razón, era una cirugía peligrosa y por el resto de mi vida he pagado por no escucharlo en ese momento. En realidad, he pagado un precio alto pero bien merecido por todo lo que le hice a Rey durante nuestro matrimonio.

Llegó el día de la cirugía. Sería un proceso largo. Rey y mi abuela, como de costumbre, nunca me dejaron sola. La primera noche no podrían quedarse porque estaría en cuidado intensivo, pero al día siguiente estuvieron temprano en el hospital a la espera de que me asignaran habitación.

En aquel tiempo, esta cirugía sumamente invasiva, te dejaba una cicatriz que corría todo el abdomen, incluso la parte baja. Por orden médica, a las cuatro horas de la cirugía tenían que levantarme de la cama para evitar coágulos de sangre. El dolor fue desgarrador. Cuando por fin estuve en un cuarto, trataban de que tomara líquidos, pero lo poco que tragaba lo devolvía inmediatamente. Las enfermeras se lo notificaron al médico y decidieron hacerme un estudio. Los resultados reflejaron que se me había cerrado el estómago por completo. Intentaron abrirlo con lo que se conoce como el sistema de la bombita, no sin antes haber firmado relevos que advierten que el procedimiento podía causar una ruptura del estómago. Me habían extirpado el duodeno y habían conectado el intestino delgado directamente con el estómago. El procedimiento no funcionó, así que tuvieron que hacer una cirugía de emergencia.

Contraje una bacteria y tuve que regresar al quirófano. Después del alta, una enfermera tenía que visitarme a diario para limpiarme la herida porque me habían retirado los puntos de sutura por distensión abdominal y enrojecimiento. En su lugar me pusieron gazas en la herida. Este proceso duró hasta que la incisión cerró. Todavía estaba recuperándome y no toleraba ni comida de bebé, cuando un día sentí un olor bien fuerte a podrido, casi como su hubiera un cadáver cerca. Les grité a mis hijos preguntando si habían dejado el baño sucio, pero cuando Daniel entró a mi cuarto, señaló el piso y mi ropa... se me había abierto la herida en el abdomen. Tuve que someterme a otra cirugía de emergencia y no bien había regresado a casa, tuve síntomas de vómitos fuertes, vomitaba hasta la bilis. Y así me la pasé, con un pie en el hospital durante meses.

En medio de esta odisea, so pena de perder su licencia, una enfermera se acercó a Rey y a mi abuela para sugerirles que me llevaran a otro hospital con otro médico porque se acababa de morir la paciente número treinta y nueve, y yo sería la número cuarenta si me quedaba ahí. De inmediato mi esposo se comunicó con otro hospital, que estaba cerca de nuestra casa, y lo refirieron a un gastroenterólogo experimentado con casos bariátricos complicados. Una vez allí, el nuevo médico recomendó empezar de cero y hacerme todas las pruebas requeridas. Determinó que era necesario hacerme una transfusión de sangre antes de someterme a cualquier procedimiento. Nos explicó que me habían cortado más estómago de lo debido. El radiólogo nunca había visto un estómago adulto de ese tamaño, era más pequeño que el de un niño.

Me pusieron un tubo por la nariz hasta el estómago, pues no podía beber ni comer nada por orden médica. Los resultados de los análisis reflejaron septicemia. Comenzaron el tratamiento y no había nada más que hacer hasta que estuviera fuera de peligro. En dos meses pesaba ochenta libras, era otra persona. Tuve un bloqueo intestinal tras otro, y contraje todas las bacterias, virus y complicaciones posibles. La médula ósea comenzó a producir glóbulos rojos bien pequeños en forma de media luna, problema que tengo hasta el sol de hoy. Cuando menos lo espero me tienen que transfundir sangre. En fin, pasó la crisis y el doctor se sintió seguro de llevarme a cirugía y tratar de arreglar lo más posible. Se esperaba una buena recuperación, siempre y cuando mi anorexia me permitiera alimentarme. Luché con la anorexia y la bulimia, me compraba la ropa en la sección de niñas, pero veía a una mujer gorda en el espejo.

Con el fin de mantenerme nutrida, el cirujano y mi médico primario decidieron enviarme a casa con un régimen de alimento administrado por vena. Me hacían análisis de sangre semanalmente, todos los días venía una enfermera a mi casa a atenderme. También venía una psicóloga una vez a la semana. Por las tardes, cuando ya todos se habían ido, cerraba el terminal del tubo por donde pasaba el alimento no sin antes dejar lleno el tubo que se veía por fuera para que pensaran que yo seguía al pie de la letra las instrucciones médicas. En mi mente seguía siendo gorda, la anorexia se había apoderado de mí al igual que la bulimia. Al principio me estimulaba para vomitar, pero luego pasaba automáticamente cuando me obligaban a comer algo.

Sabía que en algún momento los análisis de sangre me delatarían, pero ya habría bajado unas libras más para entonces. Mi esposo y el médico se habían vuelto amigos. Con frecuencia pasaba por casa a tomar del café de abuela. Una noche, nos hizo una visita inesperada. Inmediatamente me excusé para ir al baño, pero él me pidió que le mostrara el bolso donde se guardaba la máquina que suministraba el alimento. Ya él sabía lo que estaba pasando, pues había visto los resultados más recientes. Abrió el bolso y confirmó su sospecha. Sin dudarlo, llamo a una ambulancia y me salvó la vida. Yo estaba al borde del colapso, mi corazón se había debilitado tanto que en el hospital no me permitían hacer ningún movimiento sin ayuda.

Cuando me dieron de alta, el regreso a casa fue difícil. Siempre estaba deprimida y ansiosa porque mi esposo y mi abuela me trataban como una persona enferma y discapacitada. Aprovechaban cuando estaba dormida para forzarme a tragar alimentos majados. Me di cuenta al sentir los residuos en la boca y mi abuela lo admitió cuando la enfrenté. Yo solo quería volver a mi vida normal, pero cada vez me sentía más impotente y enferma.

El tratamiento continuaba en el hogar. Seguía con el alimento intravenoso. Todavía me visitaban a diario una enfermera y una cuidadora. La psicóloga continuaba sus visitas también. Mi esposo, por su parte, no tenía intimidad conmigo por miedo a hacerme daño. Me pesaba que tuviera miedo de tocarme, que me viera con lástima como una persona débil. Decidí desahogarme en una de las consultas con la psicóloga. Le conté que para mi esposo yo era como un vidrio frágil, que no se atrevía a tocarme, ni siquiera a besarme, por temor a lastimarme. Ella habló con él, le indicó que no se preocupara por lastimarme porque yo era capaz de decirle lo que podía tolerar, pero él no siguió el consejo.

Pasó el tiempo y comencé a mejorar. Recordé mis sueños, mis ilusiones de niña, y pensé en lo que mejor sé hacer: huir en lugar de enfrentar las situaciones. Sin discutirlo con nadie, llené la solicitud de azafata para la línea Kiwi. Sabía que no hacían exámenes físicos, por lo que podía entrar sin que supieran sobre mi problema de espalda y mis cirugías gastrointestinales. Durante el viaje para ir a la entrevista, a la cual Rey se opuso, me quedé en un hotel en el condado de Union, Nueva Jersey. Cuando llegué a la habitación, me di cuenta de que había dejado mis cigarrillos en la recepción. Regresé por ellos y el joven que trabajaba en recepción los había guardado, pues sabía que yo regresaría. Me dijo que me los devolvería si aceptaba ir a la discoteca donde él iba a tocar con su orquesta el próximo fin de semana. Le respondí que no sabía si estaría en el área y le pedí los cigarrillos nuevamente. Me agarró por el brazo y me dijo "pero qué flaquita y chiquita eres". Le dije que estaba ciego, cogí mis cigarrillos y me fui al cuarto.

Por la mañana abordé el autobús al aeropuerto para ir a la entrevista de trabajo. Estaba nerviosa, pero me fue muy bien e inmediatamente me dieron el paquete de bienvenida y la fecha de inicio del adiestramiento. Regresé a casa con las buenas noticias, pero Rey no estaba contento y mi abuela estaba preocupada. Ella me conocía y sabía que cuando algo se me mete en la cabeza no descanso hasta conseguirlo. Rey y yo ya no éramos un matrimonio, solo compartíamos la casa.

Siempre he tenido la noción de que no tengo derecho de ser feliz. El amor conlleva tantos sacrificios que yo no puedo hacer. Cuando creo que estoy saliendo del hoyo, inmediatamente siento que una mano invisible me hala hacia abajo. Creo que mi destino es vivir en este mundo adormecida, vacía, infeliz, sintiéndome sola y sin poder disfrutar de un amor verdadero y duradero. La depresión es mi amiga, mi querida compañera que se puede alejar por un rato, pero siempre regresa.

Le mentí a mi esposo sobre tener que volver a Nueva Jersey para ultimar detalles de dónde me quedaría y le dije que estaría en casa de mi padrastro, pero en realidad me quedé en el hotel donde trabajaba Franklin. Quería sorprenderlo y aparecerme en el club donde tocaría.

Me recibió con una inmensa sonrisa y me llevó a la mesa donde estaban su mamá y su hermana. La orquesta sonaba genial y la voz de Franklin era muy hermosa, quedé impresionada. Por primera vez en mucho tiempo recordé que mi segundo sueño era ser cantante. En el receso del grupo, un DJ puso salsa y Franklin me sacó a bailar. Le dije que no sabía bailar salsa y él me dijo que me dejara llevar por sus instrucciones y que pronto sería una experta. No me fue mal, me emocioné, por primera vez pude bailar salsa.

Cuando llegamos al hotel me invitó a su cuarto (él trabajaba y vivía allí). Me enseñó todo su equipo de trabajo, me grabó hablándole y me hizo reír. Me despedí porque tenía un vuelo temprano y cuando iba caminando por el pasillo, sentí que me agarraron por la espalda. Franklin se me puso de frente para abrazarme y besarme. Sin despegarnos me llevó hasta el cuarto y sutilmente me acostó en la cama. No paramos de besarnos, hicimos el amor toda la noche. Por primera vez en mucho tiempo tuve satisfacción una vez tras otra. Era como si él conociera mi cuerpo, siempre fue así mientras estuvimos juntos, no hubo una vez que me quedara insatisfecha. Sabía cómo conquistarme. A la mañana siguiente me esperaba en la recepción con una rosa roja.

Rey se enteró de que estaba saliendo con otro hombre porque Franklin llamó a mi casa cantando con un mariachi. Cuando acabó la canción, me declaró su amor. Yo terminé la llamada toda pálida porque Rey estaba a mi lado.

Aún me duele haberlo herido de esa forma. Él me pidió que no lo dejara, me trajo flores una noche y se arrodilló frente a mí y mis hijos para que no me fuera. Hasta prometió ser un mejor amante. Rey no se merecía ese trato, él estuvo conmigo en las buenas y en las malas, me amó intensamente.

Siempre les dije a mis hijos la verdad sobre Santa Claus, los Reyes Magos y nunca los dejaba ir por las casas en Halloween, les compraba ese día todos los dulces que ellos quisieran. Unas Navidades visitamos a unos compañeros de trabajo de Rey. Una vez allí, Rey nos dijo que se le olvidó algo en la casa, que volvía rápido. Esperamos un buen rato y cuando regresó le pregunté qué había pasado y me dijo que todo estaba bien. Regresamos a la casa de madrugada y el árbol de navidad estaba lleno de regalos, los nenes se sorprendieron, preguntaron emocionados quién había entrado a la casa, cómo había regalos en el árbol. Así de especial era Rey.

Su carisma nunca cambió. Me bailaba desnudo moviendo sus caderas de forma cómica. Siempre nos dábamos las buenas noches y su sonrisa por la mañana era como un rayo de sol. Me trataba con delicadeza al punto de que dejó de buscarme como mujer por miedo a lastimarme físicamente. Creo que ese fue su peor error, eso nos distanció, yo necesitaba sentirme normal, necesitaba una atención que me sacara de mis trastornos alimentarios, tener intimidad, volver a tener esa conexión que teníamos antes, que no tuviera miedo de tocarme. En ese sentido me descuidó. Hacía tiempo que nuestra vida íntima había muerto. Él trató de que tuviéramos una relación sexual diferente la noche antes de dejarnos para siempre, pero fue lo mismo, no logramos reconectar.

Hay hombres con los que se puede confundir el cariño con el amor. Cuando se ama verdaderamente, todo es mutuo: la escucha, la comprensión, el cuidado, el respeto. De lo contrario, al sentirse insatisfecha o enferma, una de las partes vuela para no ahogarse en la relación. Eso fue lo que me pasó a mí. Decidí dejarlo, aunque me dolía porque lo quería como amigo y sabía que esa amistad terminaría al separarnos. Y así fue por mucho tiempo hasta que nos reencontramos.

Franklin

Cuando me fui a mi adiestramiento de azafata, mis hijos se quedaron en casa de Lynn, la mamá de la mejor amiga de Daniel, quien se convirtió en otra madre para ellos. La amaron muchísimo, ya ella no está en este mundo y por siempre le estaré agradecida por todo lo que hizo por mis hijos y cómo los acogió como si fueran de ella. Pude terminar mi entrenamiento porque sabía que mis hijos estaban en buenas manos. Después de mi graduación, mis hijos vinieron conmigo a Nueva Jersey en contra de su voluntad y sé que les hice mucho daño al sacarlos de su rutina. No fue fácil encontrar estabilidad; pasaron meses viviendo en hoteles y en la casa de un amigo de Franklin, quien no era un buen hombre y sentía aversión por los niños. Estuvimos dando bandazos de un lado a otro hasta que encontré el apartamento perfecto bastante cerca del aeropuerto de Newark. Sacrifiqué demasiado a mis hijos en mi afán de lograr mis sueños. Entiendo su resentimiento, no fui una buena madre, no sabía cómo serlo. Lograr mi voluntad era lo único que se me daba fácil.

Franklin se convirtió en mi dios, literalmente. Siempre he dicho que no ha nacido hombre que pueda dominarme, pero con él digamos que abarqué más de lo que podía. Lo que viví con Franklin fue una montaña rusa de la que no me pude bajar por muchos años y mis hijos fueron prisioneros de mi decisión. Con el tiempo, me di cuenta de lo falso que él era. Era un cobarde, un depredador manipulador, alguien sin corazón a quien me entregué completamente. Descubrí verdades horribles y terminé en la oscuridad una vez más, como en la cárcel de mi abuelo.

Me casé tres veces con este caparazón de hombre. En cierta forma, también me convertí en mi abuela, totalmente sometida a sus abusos mentales. Se volvió mi todo, sentía que sin él no podía vivir y él se aprovechó de mi amor para dominarme y recordarme constantemente que sin él no era nadie. Comencé a pensar que el amor no existe ni vale la pena intentarlo. Deseo verlo sufriendo y llorando, sintiéndose muerto en vida como me

he sentido yo desde que lo conocí. Nunca me agredió físicamente, pero sus palabras aún están frescas en mi memoria después de veinte años. Irónicamente, es el hombre que más he amado en esta vida. Todo sobre él me enamoraba, hasta su cuello grueso y su olor. Me conquistaba con su abrazo cada noche que dormíamos juntos.

Al sol de hoy, siento un vacío inmenso que nada lo llena, sueños rotos, promesas frívolas e incontables decepciones. Lo peor, sin embargo, fue que la relación con mis hijos se laceró a tal punto que perdí su amor incondicional. Entendí que la verdadera soledad es no tener una comunicación sincera y cariñosa con mis hijos. Ellos han puesto una muralla, particularmente mi hijo David. Quiero irme de este mundo, pero sigo atada a esta soledad, a este vacío producto del odio, la maldad y de haber vivido impulsivamente.

A la misma vez, reconozco que Franklin me ayudó, me instó a luchar por lo que quería lograr. Cuando estudiaba para ser azafata, él llenaba las paredes del cuarto con dibujos de los diferentes aviones, escribía cómo se llamaba cada parte de los aviones y antes de dormir lo estudiábamos juntos, repasábamos las abreviaciones de ciudades y países. En cierta forma, aunque entre oscuridades, me ayudó a encontrarme a mí misma. Estuvo presente en mis dos graduaciones de azafata, aunque no permitió que mis hijos fueran. Nunca los quiso, pero ellos tampoco lo quisieron a él... en realidad no quisieron a ninguno de mis esposos.

Como toda historia incipiente, la nuestra al principio era miel sobre hojuelas. Le creía todo, pero lo cierto es que nuestra relación comenzó plagada de engaños y manipulaciones. Elegí hacerme la ciega antes, durante y después de nuestra relación. Franklin tuvo tantas amantes que no las puedo enumerar, pero había una constante, que pensó que sería su esposa las veces que nos divorciamos. Para mi sorpresa, nunca se casó con ella. Y fue para su bien; la libré de un infierno, pues no es fácil ser la esposa de un mentiroso manipulador. Yo viví una vida moribunda de amor, como dice la canción, que, dicho sea de paso, le dediqué frente a sus amigos, y ella solo disfrutó al seductor. De los hombres en mi vida, él fue quien me dejó una huella permanente en el alma, en la mente, en la propia esencia.

Cuando comenzamos a vivir juntos, se podría decir que yo era su fanática número uno. Me enorgullecía saber que él tenía una orquesta con músicos que pertenecieron al Grupo Niche. Siempre trataba de acomodar mis vuelos para poder estar presente en sus bailes. Un día él me pidió que grabara un demo y decidió darme clases de canto, pero fue entonces cuando la relación se tornó en pesadilla. Comencé a recibir propuestas para grabar anuncios políticos de radio, luego un hotel llamó para que hiciera un *jingle* de promoción, y poco a poco fui adentrándome en esa otra etapa de mi vida que me llenaba igual que la de azafata. Me sentía realizada profesionalmente. Le supliqué a Franklin que me dejara cantar en su orquesta y él me dijo que si me aprendía quince canciones en una semana, entonces me dejaría ser parte del coro y cantar una que otra canción.

Obtuve éxito, pero un éxito amargo porque cada vez que discutíamos él me decía que recordara quién era el artista. Me golpeaba entre las cejas y me decía que parecía una vieja arrugada, que nadie me iba a querer con tantas cicatrices en el cuerpo, que él era el único que me soportaba así. Cuando me veía llorando, me decía que me sentara en su falda. Si yo no quería, el insistía. Lo hacía para humillarme... me trataba como una niña en la falda de su padre, me decía que no me enojara, que él solo quería recordarme quién yo era y cuál era mi lugar.

Franklin creó un grupo pequeño de unos cinco o seis músicos, que yo bauticé Malibú. Me convertí en la cantante principal, escogía las canciones y Franklin las autorizaba. Un día que tocamos en un club del centro de la Florida, que en la década de los noventa era muy conocido, el dueño nos sugirió formar un grupo al estilo Paquita la del barrio o Pimpinela para atraer clientes los domingos y jueves.

Al siguiente día, comencé a buscar canciones de ese estilo, también de despedida, amores imposibles, canciones que me consolaran por lo que yo estuviera pasando durante esa semana. Fue una etapa divertida para mí porque cuando estaba enojada con mi esposo, cantaba canciones de Paquita, eran las más que me aplaudían porque me salían del alma. Tuvimos tanto éxito que la gente comenzó a darnos contratos para la orquesta de quince músicos, el grupo de cinco y el show de La Dama y el Charro. Viajamos por todo Estados Unidos, casi no dormía, aprovechaba para descansar en las estadías en los hoteles donde me quedaba por mi trabajo como azafata.

Cuando decía que era azafata, mucha gente me preguntaba si había visto tal y cual lugar, pero yo mayormente veía la cama, sobre todo si era en Centroamérica, Suramérica o Europa, pues Franklin no podía llamarme. Dormía y reponía energías para poder cumplir con los compromisos musicales. No me arrepiento de haber sido azafata, me fascinaba atender y ayudar a los pasajeros. Cuando trabajaba vuelos siempre sonreía, allá arriba en el aire era verdaderamente feliz.

Dependiendo de la agenda, yo podía trabajar casi quince días corridos como azafata y quince días en mi casa para cumplir con los contratos de los grupos musicales. Era una locura y todo lo pude lograr gracias a mi abuela y a mi hijo mayor Daniel, que se ocupaba de su hermano cuando mi abuela no podía estar con ellos. Sin mi abuela nada hubiera sido posible y, a su vez, ella disfrutaba su libertad.

A Daniel también le debo mucho. A pesar de todo, entre peleas y enojos, siempre fue una de mis fortalezas.

Con David es distinto, pues todavía me guarda mucho rencor. Tanto así que rara vez me habla y las pocas veces que hablamos siempre tiene la excusa perfecta de por qué no ha venido a verme. Tiene dos hijos de ocho y seis años que nunca he conocido. No hace mucho me escribió diciéndome que a él no le gusta hablar con nadie, que quiere pasar tiempo con su familia, que está cansado de que la gente sea una molestia y su propósito es que los sueños de sus hijos, y no los de él, se hagan realidad. Creo que para buen entendedor pocas palabras bastan. Siempre lo tengo en mente y lo extraño mucho. Todo esto es muy amargo y quisiera poder arreglar nuestra relación antes de morir. Yo fui, soy y siempre seré su madre. Buena o mala, siempre he amado a mis hijos.

Merezco todo lo que me ha pasado y lo que vivo ahora. Franklin es el peor recuerdo para todos, pero en especial para mis hijos. No los culpo por no quererme cerca de ellos ni en sus hogares. Si voy a hablar de fatalidades, tengo que reconocer que eso es precisamente lo que fui para ellos. Con mi forma de ser lastimé a las dos personas que más amo, por las cuales daría la vida. Es un amor que trascenderá la muerte. Ruego que siempre estén protegidos, que si algo malo les fuera a pasar que mejor me pase a mí. Acepto mi infelicidad con los brazos abiertos a cambio de que mis hijos y sus familias sean inmensamente saludables y felices.

En un vuelo que trabajé con destino a Nueva Jersey, vi a un grupo que vestía la misma chaqueta. Los reconocí inmediatamente, ya que había escrito el contrato del grupo que tocaría en la discoteca que Franklin y yo manejábamos. Cuando llegara a Nueva Jersey tenía que ir directo al club. No me presenté, pero les di el mejor trato posible. Cuando llegué al club, el pianista me reconoció y me preguntó si yo fui la azafata que los atendió, pues me veía diferente sin el uniforme. Le pregunté que si me veía mejor que con uniforme y su respuesta fue que me veía hermosa. Cuando Franklin me presentó al resto de los integrantes, ellos también me reconocieron, me abrazaron y me dieron las gracias por el servicio que les di en el vuelo. Naturalmente, Franklin se puso celoso porque me prestaron atención toda la noche y me dedicaron canciones.

Mi esposo y yo estábamos buscando a alguien que hiciera los arreglos musicales para unas canciones que yo quería añadir al repertorio. Le preguntó al pianista, quien era el director del grupo, si podía hacer los arreglos. Lo invitó a nuestra casa un día que no podía estar presente por supuestos compromisos. Yo lo único que sabía es que ese compromiso me costaría dinero. En un fin de semana, fácilmente gastaba más de $350.00 de mi cuenta de banco con sus amistades y diferentes amantes. El director del grupo accedió y era el momento perfecto porque no tenía vuelos. Él se quedaría unos días en casa para hacer los arreglos dejándose llevar por mi tesitura.

Comenzamos a trabajar, solamente teníamos tres días antes de que tuviera que irme de viaje. Él fue muy paciente conmigo, a veces cruzábamos miradas en los arreglos románticos. Había canciones que, cuando las ensayaba, me hacían llorar. Me recordaban a viejos amores o al mismo Franklin. Nuestro matrimonio se había convertido en costumbre. Jovani me preguntó por qué lloraba, así que le conté un poco de mi vida. Él me contó sobre la suya y sentimos una fuerte química, pero respetamos a mi esposo, aunque no lo mereciera.

Al regresar de mi viaje, había una casa rodante en la entrada de mi garaje. Todo el grupo estaba allí. Mi esposo los había invitado a que estuvieran con nosotros por el resto de su estadía. El grupo me recibió con mucho júbilo, les fascinaba verme en uniforme de azafata. Me dijeron que me pusiera cómoda, que ellos iban a cocinar un plato típico de su país.

Franklin comenzó a sentir sospechas por las miradas de Jovani y porque recordaba cómo me gustaba el café. Estuvieron en mi casa dos semanas y yo iba a sus presentaciones cuando podía. Ellos me invitaban a cantar cada vez que yo estaba en una de sus presentaciones, pero no invitaban a Franklin, lo que producía fricción entre nosotros. No perdía oportunidad de recordarme que la estrella era él.

El grupo tenía que continuar su gira por diferentes estados y me invitaron a cantar con ellos. Acepté y eso fue una puñalada para el ego de mi esposo narcisista. Al regresar de la gira sus abusos verbales no cesaban. Y sé que se contenía de pegarme solamente porque sabía que lo denunciaría.

En esa gira Jovani y yo dejamos salir todos los deseos que nos invadían. Yo no sentía culpa, solo le reciprocaba a mi esposo lo que él me hacía: ojo por ojo, diente por diente. Pagué un precio muy caro, sin embargo. Mis hijos estaban cansados de los dramas con mi esposo y David decidió irse a vivir con su papá. Me rompió el corazón, pero yo sabía que vivíamos un infierno, así que lo dejé ir. Para ese mismo tiempo, Franklin me confesó que estaba cansado de mí y de mis hijos. Me centré en hacer los arreglos para irnos.

Recibí y acepté con gusto una invitación del director del grupo para ir a cantar a su país. Quería volver a verlo y además deseaba que mi esposo sintiera en carne propia lo que yo sentía cuando él se iba un fin de semana entero. Al regresar de ese viaje, me estaba esperando en la casa, no había salido en todo el fin de semana y le preguntaba a mi hijo mayor si yo lo había llamado. Se enfurecía al saber que llamaba a mi hijo, pero no a él. La venganza se sirve fría y eso fue lo que hice, pero a la vez sabía que podía regresar como un bumerán.

Franklin sugirió que fuéramos a hablar a un bar donde nadie nos conociera. Al cabo de varios tragos, me preguntó si estaba viéndome con otro hombre. Mirándolo a los ojos le respondí que yo tenía más huevos que él porque él siempre negaba a sus amantes cuando le cuestionaba. Pero lo mejor de pegar cuernos por venganza es decir, cara a cara, que sí lo hiciste. Nunca había visto a mi esposo llorar de esa forma, en su mirada había odio, dolor y reproches. Yo disfrutaba con satisfacción la consumación de mi venganza.

Lo dejé solo en el bar y me fui a empacar mis maletas. Daniel y yo nos fuimos para Florida a casa de mi sobrina en lo que encontraba apartamento. Regresé a Nueva Jersey para radicar la demanda de divorcio. Fui a mi casa, le tiré la copia de la demanda, me di la vuelta y me fui. Él no se presentó en el tribunal, así que me concedieron el divorcio automáticamente.

Nuestra relación sí que fue enfermiza, no podíamos estar juntos, pero tampoco separados. Nos queríamos, pero nos odiábamos. Nos protegíamos, pero también nos dábamos la espalda. Era tortuoso, pero esto no impidió que nos volviéramos a casar. Lo único positivo de la situación fue que mi hijo pudo regresar a graduarse de la escuela en donde estaban sus amistades. Como era de esperarse, nuestra relación se había degradado, ya no hablábamos como antes. Franklin se sentía dolido porque se había regado la noticia de mi infidelidad con Jovani.

La graduación de Daniel no transcurrió sin contratiempos. Le había prometido llevarlo a comer con sus mejores amigos a un buen restaurante con mi abuela, quien naturalmente no podía faltar en la graduación de Daniel. Tenía una mala espina, esa sensación de que algo va a pasar. Franklin, sabiendo que era la graduación de mi hijo, había sacado todo el dinero de mi cuenta de banco. Me enfurecí tanto que irrumpí en llanto. Mi abuela se encargó de pagar la cuenta para que no se opacara la ocasión. Ese día hice las maletas y me fui a casa de mi padrastro. Pronto volvería a tramitar el segundo divorcio.

Todo lo que hacía era trabajar y llorar, sentía que no podía respirar, me ahogaba en lágrimas. Tenía claro que era lo mejor para mí, nuestra relación se había convertido en una adicción. Lo más frustrante fue que él contaba la historia a su manera, haciéndose el sufrido y avergonzado. Nuestras amistades creyeron que él era la indefensa víctima de mi traición. Tuve que dejar de ir a los sitios que frecuentábamos porque no toleraba ya las miradas juzgadoras.

Conocí a un amigo de los vecinos de mi padrastro, quien me invitó a salir a bailar. Tuve la mala suerte de encontrarme con Sonia, una persona que se hizo pasar por amiga solo porque estaba enamorada de mi esposo, pero él la ignoraba. Me vio con ese amigo y trató de obtener información sobre nosotros. Bailó con él y nos pidió que la lleváramos a su casa. Fue con el chisme a donde Franklin, quien me llamó para recordarme que el divorcio aún no era definitivo, que dejara de humillarlo. Mi supuesta amiga, al enfrentarla, me confesó que lo hizo por envidia, porque siempre conseguía lo que quería y ella no. Total, daba igual si yo estaba con Franklin o no, él ni se enteraba de su existencia. Más nunca supe de ella.

Una vez oficializado el divorcio, Franklin decidió pedirme que cantara con la orquesta. Ya yo había hecho nuevas amistades que no lo conocían. Por fin estaba tranquila cuando esa llamada me desestabilizó y volvió a despertar mi adicción. Siempre fui débil frente a él, con solo oír su voz mi corazón se aceleraba, sentía un torbellino en la mente y por más que tratara de evitarlo, siempre caía rendida. Comencé a cantar con la orquesta nuevamente, y él aprovechó la oportunidad para pedirme favores y reconquistarme. Los dos necesitábamos ayuda, nuestra relación no era saludable. No podíamos estar juntos, pero tampoco lográbamos soltarnos.

Recuerdo nuestra primera boda, la celebramos un 26 de junio, una fecha muy cercana a la de mi boda con Emilio en 1981. Como éramos conocidos por la orquesta y teníamos amistades del mundo musical, la boda fue todo un espectáculo, hasta cerraron la calle del local y la policía nos escoltó. Hubo mucha algarabía y muchos curiosos también.

La noche de boda fue muy cómica para nosotros, después de nuestro momento íntimo, él salió desnudo al balcón y gritó que estaba en la cima del mundo. Le dije que se quedara en la cima, y le jugué una broma cerrando la puerta del balcón. Me acosté haciéndome la dormida y él tocaba y tocaba diciendo que tenía frío, que alguien podría verlo. Le dije que tenía que pensarlo. Él me gritaba "bruja, abre la puerta por favor". Al fin lo dejé entrar... me besó apasionadamente y me cargó en sus brazos hasta la cama.

La luna de miel fue cortita, justo luego me prohibió acompañarlo a una actividad ecuatoriana, me humilló en medio de la calle diciéndome que yo no iría con él, que me veía vieja y que él tenía negocios que no me incumbían. Su mamá, que no le veía ni un defecto, me aconsejó que lo dejara ir, que no llorara ni me enojara. Riposté que seguramente no me quería allí porque estaría con su eterna amante. Ella ni pestañeó, simplemente dijo que así son los hombres, que me acostumbrara si quería que el matrimonio funcionara. No quería discutir con su madre, así que me controlé. Me quedé callada, cogí las llaves del carro y le pedí a Franklin que nos fuéramos. No le dirigí la palabra durante el camino. Ya en casa me dijo que sus compromisos no me incumbían, que se avergüenza de presentarme como su esposa porque me veía vieja. Le devolví los insultos y le advertí que nunca lo perdonaría y en algún momento me cobraría cada ofensa.

De una tragedia a una esperada confesión

Hago un paréntesis para tocar un tema que todavía es tabú en muchas familias. Desde que Daniel tenía tres años, yo sabía que su forma de ser, expresarse y jugar, incluso su postura, eran diferentes. Nunca lo mencioné, me reservaba esa corazonada. Con el pasar del tiempo, algunas personas entrometidas me decían que mi hijo era "raro", pero yo no les hacía caso. Cuando Daniel era adolescente, pasó la tragedia del 11 de septiembre, que marcó mi vida y me abrió los ojos a un mundo desconocido para mí, pues nunca pensé que un grupo de personas fuera capaz de cometer tan horrendo acto de cobardía, que nada tuvo que ver con el nombre de Dios.

Me encontraba en una rotación de tres días en el oeste de Estados Unidos, estaba deseosa de regresar a casa para ver mis alas de líder de vuelo como azafata, me sentía orgullosa de ese logro. Nuestro vuelo salió de Montana hacia Nueva Jersey, todo estaba en perfecto orden, un vuelo con un cielo precioso. De repente, el copiloto salió de la cabina de mando y entró al baño. Cuando salió, noté que estaba usando el celular y le dije que él mejor que nadie sabía que el uso de celulares estaba prohibido durante los vuelos. Respondió que era una emergencia, vi sus ojos llorosos y pensé que se trataba de un asunto familiar. Acto seguido, el capitán nos pidió que arregláramos la cabina para aterrizar. Me informó que haríamos un aterrizaje de emergencia en Utah, que un avión había chocado con una de las torres gemelas del World Trade Center en Nueva York. Supuse que había sido una avioneta y le informé al resto de la tripulación lo que pasaba.

No miento cuando digo que bajamos en picada, nos asustamos muchísimo, no sabía lo que estaba pasando. Al aterrizar le pregunté al capitán por qué habíamos hecho un aterrizaje tan arriesgado. Me repitió que un avión se estrelló contra una de las torres gemelas. Comenté que lo más probable se trataba de una avioneta... me agarró por el brazo y me dijo "Anne, estamos bajo ataque terrorista". Se me nubló el pensamiento, no captaba lo que él decía. Cuando salimos del avión, notamos que el área de espera de los pasajeros estaba vacía. Miramos el televisor frente a nosotros y vimos el segundo avión estrellarse. Las azafatas nos abrazamos y comenzamos a gritar. El equipo de seguridad vino a escoltarnos a un lugar seguro. Se nos hacía difícil caminar, estábamos en *shock*.

Una vez llegamos al área segura, entré en pánico porque recordé que el día anterior Franklin me había dicho que iba a hacer un trabajo de locución en una emisora de radio que quedaba justo en una de las torres. No me hizo gracia la idea de que se iría cuando yo llegara, así que tuvimos una discusión y lo mandé al carajo. Inmediatamente lo llamé al celular. Me contestó rápido diciéndome que era la primera vez que se alegraba de que le peleara para que no saliera y me esperara en casa. Entre llanto y risa le dije que era buena pa joder y colgué el teléfono para llamar a la escuela de mis hijos. La secretaria se alegró de oír mi voz, estaba asustada pensando en mí. Le pedí que por favor enviara a mis hijos a la casa. No bien terminé la llamada, exploté en llanto, quería estar con mi familia, pero habían cerrado los cielos y no se sabía cuándo se reanudaría el tráfico aéreo.

Siempre Delta nos ponía en cuartos separados, pero debido a la emergencia tuvimos que compartir cuarto. Mi compañera y yo todo lo que hacíamos era ver las noticias, no podíamos dejar de ver el televisor. Salimos solo a cenar y al regresar no pudimos controlar los nervios. Pasamos la noche sumidas en pesadillas y con los estómagos enfermos. Fueron los peores cuatro días de mi vida, deseaba tanto abrazar a mis hijos.

Llegar a casa fue un alivio inmenso, estaba tan feliz de verlos. Al poco rato, entré a mi computadora para ir al portal de empleados de Delta, y noté algo raro. Alguien había entrado a sitios gay y a páginas porno, yo sabía quién había entrado a cada lugar, pero decidí preguntarle a David, mi hijo menor, si él había entrado a una página gay. Como siempre hacía, delató a su hermano. Confesó que él estaba mirando fotos de mujeres desnudas, pero que había sido Daniel quien entró a los sitios gay. Le dije que no volviera a tocar mi computadora y, de paso, que respetara a su hermano mayor, que no era bueno ser un chota.

Estuve rato en la cocina pensando en cómo tener esa conversación con Daniel sin que se sintiera juzgado o incómodo. Finalmente lo llamé a la cocina mientras pelaba una papa. Le pregunté si había entrado a una página gay y me dijo que sí. Sin dejar de pelar la papa, lo miré y le pregunté por qué lo había hecho. Yo lo sabía, pero esperaba el momento en que él se sintiera cómodo conmigo para decírmelo. Me dijo que se "sentía gay". Yo seguía con la papa en mano y le hablé de las enfermedades venéreas, le pedí que se cuidara. Me ofrecí a comprarle condones, pero no quiso. Le agradecí por su sinceridad y le aseguré que lo seguiría amando igual. Me dio las gracias y se fue a su cuarto. Ya casi no quedaba papa para ese entonces, pero me sentí orgullosa de la valentía de mi hijo.

Me preocupaba que lo hostigaran en la escuela por su preferencia sexual y, efectivamente, Daniel sufrió una agresión grave. Tuve que llevarlo al hospital y reportar el caso a la Policía. Al sol de hoy todavía me preocupa que puedan agredirlo a él o a su esposo porque en este mundo hay gente ignorante que no respeta a otros seres humanos.

Ciclos enfermizos

De vuelta a la odisea sin fin, algo muy diferente de mi relación con Franklin en comparación con mis otras relaciones era que, aunque compartíamos un amor de odio, por más doloroso que fuera, siempre nos contábamos lo que nos molestaba. Nos insultábamos y humillábamos mutuamente para luego reconciliarnos, pero en mi mente siempre estaba latente ese sentimiento de venganza a pesar de que éramos cómplices, amigos. No necesitábamos hablar para saber lo que el otro pensaba, lo cual resultaba muy útil a la hora de cerrar contratos musicales. Nos complementábamos al hablar con otras personas; se puede decir que profesionalmente éramos una excelente pareja, el problema era en nuestro matrimonio.

Este hombre ha sido el único ser humano que pudo manipularme, controlarme, insultarme y herirme sin que yo dejara de amarlo. No puedo negar que hasta el día de hoy extraño la forma en que nos complementábamos en las cosas buenas, nunca he vuelto a sentir esa complicidad en otras relaciones. Aunque quiero a mi esposo actual, siento un vacío porque no he podido conectarme con él como amiga y cómplice.

Una vez Franklin supo que tenía otros pretendientes, empezó a buscarme y a llamarme constantemente. Comenzamos a salir de nuevo, cada vez que él entraba a mi carro yo ponía la canción "Mientes tan bien". Él no la toleraba y yo no perdía oportunidad de dedicársela. Le dije que me mudaría a Florida y le pedí ayuda para montar la mudanza en el remolque. Llegó el día de mi partida y él apareció con sus maletas para irse conmigo. Estaba decidido a seguirme y yo lo permití.

Llegamos a Florida, mi sobrina nos acogió a todos en lo que nos establecíamos, fue en ese tiempo cuando nos contrataron en un club para cantar con el grupo Malibú y La Dama y el Charro. Conseguimos casa bastante rápido en el centro del pueblo en Kissimmee, pero estaba cansada de mi vida con Franklin. Los acosos de su amante me tenían loca. Cuando lo enfrentaba y le confesaba mi hartazgo, me respondía que nadie más me iba a querer con tantas cicatrices en el cuerpo. Sabía bien cómo apuñalarme con palabras.

Una vez más vino con el cuento de que tenía que viajar solo. A él se le olvidaba que era gracias a mis beneficios de azafata que podía viajar con tanta facilidad. En cualquier momento se los podía quitar, pues ya no estábamos casados, pero esta vez tenía otro plan. Decidí viajar a Nueva Jersey, donde él estaba y en donde vivía mi hermana Stefanie. Ella siempre ha estado de mi lado, así que le pedí ayuda. Con amor, pero bajo protesta, me buscó al aeropuerto con el carro lleno. Mis sobrinos serían los espías, ya que nadie los conocía. Nos estacionamos al cruzar la calle de donde él estaba. Mi sobrina mayor entró al lugar para ubicar a Franklin y ver quién estaba a su lado. Según ella, estaba sentado junto a una mujer bajita, que no me hacía ninguna competencia. Yo estaba segura de que era su amante, la misma de siempre, pero allí esperamos dos largas horas para comprobarlo.

Efectivamente, salió de allí con ella, pero cada quien siguió su camino. Mi sobrina se le acercó para dejarle saber que yo estaba en el carro viendo lo que pasaba. Discutimos, le advertí que le revocaría sus beneficios de viaje y que ni se acercara al terminal de mi vuelo, pero no hizo caso. Sabía que tenía poder sobre mí. Se presentó en el terminal para perseguirme y suplicarme. Discutimos tanto que una empleada de la aerolínea nos dijo que bajáramos la voz. Puse fin a la discusión diciéndole que cuando llegara a Florida recogiera sus cosas y se largara.

Pasé el vuelo llorando de rabia. Le dije que si no me quería que por favor se fuera y me dejara rehacer mi vida. Pero una vez más, logró someterme a su voluntad. Al llegar a Florida el esposo de mi sobrina nos estaba esperando y Franklin le pidió que nos llevara al tribunal. Le rogué que no lo hiciera y él me susurró al oído que me amaba. Sus palabras siempre tuvieron el efecto de derretirme el corazón. Y así fue como nos casamos por tercera vez un 19 de abril. No hubo luna de miel ni noche romántica ni nada por el estilo, yo sentía que me habían obligado a casarme, que había caído en sus garras nuevamente.

Esta vez fue peor porque teníamos muchos compromisos musicales además de mi trabajo de azafata. No comía bien ni dormía lo suficiente, mi cuerpo comenzó a sufrir las consecuencias de mi irresponsabilidad conmigo misma. Me hospitalizaron muchas veces con obstrucciones intestinales, por estar bajo peso, para transfusiones de sangre. Las obstrucciones llevaron a varias cirugías, que me dejaron tremendas heridas. Aun así, para no incumplir ningún contrato, adolorida y con suturas de un extremo al otro del abdomen, me vestía, me maquillaba, me ponía tacones y salía a cantar como si nada. Eso lo hice unas tres veces y siempre volvían a hospitalizarme después de la presentación. A Franklin poco le importaba, solo estaba pendiente al dinero que generaba conmigo y no perdía oportunidad de recordarme que la estrella, el cantante, el que importaba era él.

No quedaba nada entre nosotros, no había amor ni confianza; los abusos verbales eran cada vez peores. A él le molestaba la presencia de mis hijos y hasta mi forma de arreglarme. Me acusaba de esconderle lo que hacía cuando él no estaba. Era un vaivén tóxico, pero seguíamos juntos por costumbre y adicción.

Me fui a Puerto Rico con una amiga por unos días para visitar a mi hermana de parte de padre y que mi amiga pudiera visitar a su familia. Tuve la sensación de que algo pasaría. Verifiqué la cuenta de banco y vi un cargo de un motel. Llamé a mi esposo para reclamarle y me hizo el cuento de que un músico había perdido su cartera y le pidió el favor de que le pagara el motel. No sé por qué él me veía la cara de pendeja, pues estaba lejos de serlo. En una ocasión que regresé a Florida para salir a una presentación en Texas, enfrenté al músico que supuestamente había hecho el gasto del motel. Él no sabía qué decir, cambió la historia varias veces y al final me dijo que le preguntara a Franklin lo que había pasado en realidad. Enfrenté a mi esposo una vez más y comenzó a insultarme. A pesar de sus gritos, estaba decidida a dar con la verdad. Me golpeó la cara y me tiró en la cama. Así mismo me levanté y lo empujé. Su rabia fue tanta que rompió un adorno de cristal que había en el cuarto. Me asusté mucho, pensé que me cortaría con el vidrio, pero solo me tiró la ropa y me dio la orden de que me lavara la cara y me maquillara para salir a cantar. Me advirtió que no se me notara que había estado llorando como una estúpida perdedora.

Esta sería mi última presentación con Franklin. Cerré el show cantando la canción "Rata inmunda" desde lo más profundo del alma, con la rabia y el dolor que sentía. Dejé mi ser en el escenario y al terminar recibí una ovación del público, incluso de los músicos. Esto le causó más rabia a mi esposo y para mí fue lo contrario; se me fue el enojo, me sentí satisfecha y como una estrella.

Antes de salir del lugar, volví a interrogar al músico. El hombre se alteró y comenzó a gritarme en frente de Franklin y le exigió que me contara la verdad. Agarré al músico por el brazo y le pregunté de qué hablaba y por qué cubrió a Franklin. Su reacción fue empujarme. Caí al piso y Franklin no hizo nada para ayudarme ni le dijo nada al músico. Uno de los cantantes, a quien le gustaba, me ayudó levantarme. Vinieron la Policía y los paramédicos porque me laceré el brazo con la caída. Al ver lo que ocurría, el hombre se preocupó y me pidió perdón. Decidí no denunciarlo, pero jamás perdonarlo, y exigí que no viajara en nuestra guagua. No quería volver a verlo.

El viaje de regreso fue silente. Cuando llegamos a Florida, no me despedí de nadie, entré a mi casa, empaqué y llamé a mi hijo menor para que me buscara. Le pedí que me dejara en una farmacia en donde me recogería una mujer de un albergue para mujeres maltratadas. Mi hijo lo entendió y solo preguntó dónde quedaba el lugar, pero ni yo misma sabía exactamente la dirección, solo sabía que era en Apopka.

el regreso de un viejo amigo

De camino al albergue tuve que responder algunas preguntas. Conté que mi esposo se tornaba agresivo algunas veces, pero que era mi culpa por alterarlo. La persona que me acompañaba me corrigió y explicó que eso no era cierto, sino una mentira que los abusadores les hacen creer a sus víctimas. Fue un proceso lento, pero fueron muchas las lecciones aprendidas mientras estuve en el albergue. Tuve que excusarme del trabajo e informar lo que pasaba. Me dieron unos meses libres para que me organizara y estuviera en un lugar seguro.

A pesar de todo, seguía contestando sus llamadas, tomaba dos autobuses para verlo cuando él me lo pedía y me escapaba para cantar con la orquesta. Mi mente gritaba que dejara de amarlo, que ese vínculo no era saludable; me quedaba claro que era yo quien tenía que ser fuerte y establecer límites. Una noche me sentí intranquila, era la noche antes del segundo aniversario de nuestra tercera boda. Le pedí a una de las muchachas con auto que me llevara a casa. Me preguntó si estaba segura, pues ella no quería sentirse responsable si algo me pasaba.

Él no estaba en la casa, lo llamé y no respondió, así que decidí esperarlo. Llamó al rato para decirme que estaba en el hospital por un dolor de estómago. Pedí un taxi y llegué al hospital. Le pregunte a la enfermera a qué hora había llegado y resulta que solo llevaba una hora allí. Le pregunté cómo se sentía y lo acompañé a esperar los análisis. No pasaba nada y lo dieron de alta. Él mantuvo la mentira haciéndose pasar por enfermo, pero a mí no me engañaba, sabía que había pasado la noche con su mujer. Ese día le dije que tendría la voluntad de decirle adiós para siempre. No lo volví a ver por un tiempo.

En el albergue conocí a muchas mujeres con situaciones similares, otras peores, que llegaban con la cara amoreteada por los golpes que recibían. A algunas las amenazaban con deportarlas. Esta experiencia me hizo crecer, empecé a conocerme y a quererme, pero, sobre todo, a respetarme y cuidarme. Allí me dieron el apoyo necesario para comenzar una nueva vida.

Cuando me tocó salir del albergue, un viejo amigo fue a mi rescate. ¿Se acuerdan de Emilio? Mi primer esposo, el que se casó conmigo para ayudarme a salir de la casa de los mil demonios. Franklin todavía no me dejaba en paz y no quería irse de la casa, pero yo no quería involucrar a la Policía porque nos conocían muy bien en el pueblo donde vivíamos. No quería denunciarlo, solo quería terminar todo por las buenas e irme a casa de mi abuela en cuanto pudiera. Me comuniqué con Emilio mientras estaba en el albergue. Él vivía en Orlando. Me sorprendí mucho al verlo; el hombre que me llamaba gorda pesaba más de 300 libras. Le conté que, gracias a su constante insistencia de que estaba gorda, sufrí trastornos alimentarios y me sometí a una cirugía bariátrica que casi me costó la vida. Me pidió perdón por sus acciones y le dije que todo quedaría perdonado si me ayudaba a levantarme y poder separarme de mi esposo de una vez y por todas.

Luego de abrazarme y besarme, me preguntó cómo terminé en un albergue. Le conté lo que había pasado, estábamos hablando en el patio delantero del albergue y todas las muchachas nos miraban. Cuando fui a buscar mis cosas comentaban que se notaba en su mirada que él todavía sentía algo por mí. Y era mutuo porque el primer amor nunca se olvida. Cuando regresé con mis maletas, me dijo que no me preocupara, que él me ayudaría.

Me consiguió un apartamento y pagó la renta en lo que yo hacía los trámites legales para sacar a Franklin de la casa. Me daba dinero para compra, ropa, artículos personales, mi manicura y pedicura, me sacaba a pasear, a bailar y a cenar. Hablábamos mucho y me llevó a su casa a ver a sus padres mientras su esposa estaba de vacaciones. Nos involucramos de nuevo románticamente, pero sabía que no estaríamos juntos, se trataba de una sensación de cariño pasajera, pero la amistad que nos unía era verdadera. Fue mi apoyo mientras me levantaba y me acostumbraba a estar sin mi droga (Franklin). Me llevaba al trabajo cuando mi hijo mayor no podía. Siempre le estaré agradecida por su amistad. Cuando decidí poner un océano de por medio y no ver más a Franklin, fue Emilio quien me llevó al aeropuerto. Fue un día agridulce porque sabíamos que no volveríamos a vernos. Nos llamamos por un tiempo hasta que él supo que yo estaba fuerte para continuar sola.

Esa clase de amor no se olvida nunca, agradezco inmensamente su deseo de siempre ayudarme sin importar nada. Siempre le tendré un gran cariño como amigo, me quedé con los bellos momentos de nuestro matrimonio, las lecciones que aprendí, su sonrisa pícara. Fue mi primer gran amor y amigo. Nunca más volví a saber de él, se cerró ese capítulo y guardo solo los gratos recuerdos.

Otro amor que regresó

Mi trabajo se tornó un tanto tedioso mientras vivía en Puerto Rico porque mi base era en Atlanta, así que tenía que coger un avión para trabajar mis vuelos. Los hombres con quienes salía no entendían mi profesión, les parecía raro que tuviera que estar una o dos semanas fuera. Esto me hacía difícil volver a tener una relación seria, sin contar que, aunque parezca increíble, todavía amaba a Franklin y él aprovechaba cualquier ocasión para advertirme por llamadas telefónicas que no tuviera ninguna relación porque yo todavía era su esposa. Me había enterado de que él vivía con su novia. Así era la dinámica, yo no podía tener novio, pero él podía vivir con otra mujer. Siempre fue un descarado. Tuve algunas relaciones, pero a sabiendas de que no llegarían a ningún lado. Las personas que estaban conmigo no soportaban que contestara las numerosas llamadas de Franklin ni mucho menos mi profesión.

Había dejado de trabajar para recuperarme de dos cirugías, así que mi hijo menor decidió venir a Puerto

Rico para quedarse conmigo. El estrés que me causaba viajar de Puerto Rico a Atlanta había exacerbado mi afección intestinal. Como no me acostumbraba a vivir en la isla y no quería que mi hijo hiciera malas amistades, decidí llamar a mi hijo mayor en Florida para pedirle que nos dejara quedar con él por un tiempo. La relación con mi abuela se había visto afectada gracias a Franklin y sus trucos sucios, así que partimos a vivir con mi hijo mayor en lo que me restablecía.

Una noche soñé que Franklin estaba casado. Al despertar llamé a un amigo de Puerto Rico para preguntarle cómo podía averiguar si mi esposo se había divorciado de mí sin mi consentimiento. Él hizo una búsqueda en los récords públicos y encontró el registro de nuestro divorcio y de su matrimonio. No me molestó el hecho de que estuviéramos divorciados, lo que me hizo hervir la sangre fue que él mintió en la demanda de divorcio al decir que no sabía de mi paradero cuando me llamaba casi todos los días y sabía perfectamente que yo estaba en casa de mi abuela. Encima de eso, me manipulaba diciéndome que no podía tener una relación seria porque aún estábamos casados, pero en realidad llevábamos seis meses divorciados, lo mismo que él tenía de casado. Pensé en impugnar el divorcio, pero rápido reconocí que me hizo un favor. Mi mayor venganza sería que ella se diera cuenta de quién era él. Ese matrimonio duró lo que se tardó en que le dieran la ciudadanía. A él le molestaba que nunca quisiera tramitársela, pero una experiencia me bastó para no volver a hacer eso por nadie.

Decidí no reaccionar y esperar tranquilamente porque sabía que él volvería a llamar en algún momento. Cuando lo hizo, le pedí tramitar el divorcio para ver cómo respondería. Con gran desfachatez me dijo que no lo tramitara porque él no iba a firmar los papeles. Respiré profundamente y le dije que podía impugnar nuestro divorcio, lo que anularía su matrimonio actual. Se hizo el desentendido y le dejé saber que tenía copia del registro del divorcio y de su matrimonio. Añadí que cometió perjurio al decir que no sabía dónde yo estaba cuando tenía pruebas y testigos de sus llamadas. Terminé la llamada diciéndole que era la escoria más grande que había tenido el disgusto de conocer y no nos hablamos por un tiempo. Continué con mi vida, pero esta vez estaba como una leona herida. Me abrumaban la rabia, la depresión y las tensiones del diario vivir. Sufría un dolor que aún hoy día no puedo describir. Sabía que no era el fin de las comunicaciones entre él y yo porque un manipulador como él no deja en paz fácilmente a su víctima.

Mi hijo compartía su apartamento con una amiga, quien decidió dejarnos el apartamento completo a nosotros, pero deseaba mantener su cuarto sin pagar renta. Naturalmente, mi hijo se opuso y decidimos dejarla sola con la renta completa del apartamento. Nos fuimos a un motel en lo que encontrábamos apartamento. Yo no estaba trabajando, pues todavía estaba con licencia por enfermedad, y mi hijo menor no había encontrado trabajo; toda la carga cayó sobre mi hijo mayor.

Para ese tiempo mi hijo menor había comenzado a experimentar con marihuana. Lo había notado en sus ojos rojos y por su apetito. Le pregunté directamente y lo negó, solo admitió que estaba presente mientras sus amigos fumaban. No sé a quién pensaba que cogía de pendeja. En ese momento le prohibí ver a sus amistades. Cuando estuve más calmada, le pregunté qué quería hacer con su vida, le advertí que de esa forma podía terminar preso o muerto. Me contó que él y otro hijo mío de crianza, Jonathan, estaban pensando tomar el examen para la Guardia Nacional. Sin embargo, en mi familia muchos habían servido en el ejército, así que al otro día fuimos a unas oficinas para obtener información. El sargento que atendió a David me miraba de reojo y yo me echaba a reír, era muy joven y no estaba para criar a otro niño. Lo primero que le preguntó a David fue si había probado alguna droga. Mi hijo decidió mentir.

Pasó el examen escrito y días después tenía que coger el físico y dar muestras de sangre. Naturalmente, los resultados reflejaron uso de marihuana. Al siguiente día fui con David a la oficina del Army y, dando un puñetazo en el escritorio del sargento, le dije que el Army se lo llevaría vivo o muerto porque yo prefería que muriera como héroe y no como un drogadicto.

El sargento me pidió que me calmara y David avergonzado me decía "mom, please shut up". Le di una de mis miradas que matan, a mí no me importaba la edad de mis hijos, les dejaba claro que siempre me tienen que respetar, fuera con un palo o con la chancleta voladora, como buena puertorriqueña, y ellos pueden dar fe de mi puntería con la chancleta. Se me respetaba sí o sí. El sargento regresó y nos dijo que estaban dispuestos a darle otra oportunidad si él escribía una carta a la encargada del reclutamiento, no me acuerdo de su rango ni apellido, y pasaba la prueba de drogas en un mes.

Durante un mes entero mantuve a David encerrado, si alguien lo quería ver tenía que venir al motel y yo tenía que estar presente. Le metí jugo de arándanos por ojo, boca y nariz, pero de algo estaba segura y era que tenía que sacar a mi hijo de las malas compañías. Pasó un mes y le dieron la fecha para el examen físico, yo estaba tan nerviosa, prefería que hiciera una carrera militar en lugar de una criminal. Afortunadamente, pasó la prueba y comenzarían los trámites para su entrenamiento. Dejé que sus amistades se despidieran de David poco a poco, pero estuve vigilante, pendiente de que mi hijo no cometiera ninguna estupidez.

A los pocos días recibí una llamada desconocida. Un "hola" fue suficiente para saber quién me hablaba. Se me volcó el corazón y sentí un intenso dolor. Era Rey quien me hablaba. Quería llorar y reírme. Sentí una gran vergüenza, las manos me temblaban, se me hacía difícil aguantar el celular. Me preguntó dónde estaba viviendo y preguntó por mis hijos. Le conté que habían pasado muchas cosas y que nos estábamos quedando temporalmente en un motel en Kissimmee. Me invitó a cenar al siguiente día y accedí. Le debía una gran disculpa y quise dar la cara.

Busqué una minifalda, me arreglé y me maquillé. Mis hijos y algunas amistades que había hecho en el motel me preguntaron que para quién me arreglaba, que cuál era la ocasión. Me sonreí y les dije que vería a un exesposo. Rápido mis hijos preguntaron de quién se trataba y cuando les dije que era Rey, se quedaron con la boca abierta y me desearon suerte.

Cuando llegó, lo reconocí inmediatamente, no había cambiado nada, era el mismo Rey que recordaba. Entré al carro y me saludó con un beso en la mejilla. Tuve que aguantar las ganas de llorar, sabía muy bien lo que le hice años atrás cuando conocí a Franklin. Ya en el restaurante le pregunté cómo estaba, si seguía casado. Me respondió que estaba bien y que seguía casado, pero que era una relación distanciada. Ella siempre estaba trabajando y él se entretenía en la casa. Confesó que no se podía quejar, había viajado y ahora estaba cogiendo un curso privado para trabajar como auxiliar de vuelo. Me asombré mucho, le pregunté si ya hablaba inglés y me dijo que más o menos sabía algo, pero que su instructora le había dicho que no era necesario hablar perfecto inglés para que lo admitieran en el adiestramiento de líneas aéreas. Me quedé callada, no quise arruinar sus esperanzas, así que no le explique cómo es que funcionan las líneas aéreas. Terminamos de cenar y nos fuimos a caminar por todo Downtown Disney. Buscando evitar las preguntas, le conté que ya por fin sabía bailar salsa. Él me dijo que antes veía muchos carteles promocionando mis diferentes espectáculos, además de que oía mi voz por radio, hasta que me preguntó por "ese hijo de puta" (así él llamaba a Franklin).

Le conté que Franklin estaba bien, casado con su nueva esposa. Se me aguaron los ojos y le conté sobre mi odisea con él. No pude contener el llanto. Le pedí perdón por lo que le hice, le dije que me merecía todo lo que me había pasado, y que lo más que me dolía era haber arrastrado a mis hijos a ese infierno. Le rogué que me perdonara. Yo quería que me recriminara, que se enojara o se burlara de mí, pero, por el contrario, me secó las lágrimas, me abrazó fuertemente y me dijo que no fue mi culpa, que el culpable era ese hijo de puta que me endulzó el oído hasta que caí en su trampa. Al final nos besamos, fue un beso dulce, sutil, largo y entre lágrimas compartidas.

Me preguntó si necesitaba ayuda para encontrar apartamento y le dije que no, que esta vez yo quería hacer todo sola con mis hijos. Comenzamos a vernos a diario, yo veía en sus ojos que se estaba enamorando de mí, pero si hay algo que nunca he querido hacer es quitarle el esposo a una mujer. Sé lo que duele y su esposa era una buena mujer. Le dije que lo que él sentía por mí era una confusión entre amor y amistad. Él seguía visitándome y yo sabía que con él podía recuperar la estabilidad que necesitaba, pero no podía manchar su honra de nuevo ni lastimar su orgullo. Cada vez que nos veíamos terminábamos en la cama, pero todo deseo pasional y carnal tiene su fin. Él quería cuidarme mientras estuviera viviendo en el motel. Lo estaba confundiendo al dejar que estuviera pendiente de mí.

En otra crisis de salud, mi hijo tuvo que llevarme al hospital y me ingresaron por una obstrucción intestinal. Rey me llamó al día siguiente y le dije que estaba hospitalizada. Fue a visitarme tan pronto salió del trabajo. Allí estaba yo con el tubo nasogástrico, pero él estaba acostumbrado a verme así. Se me acercó y me abrazó delicadamente mientras me daba un beso de piquito como digo yo.

Fue al hospital todas las noches, caminábamos por los pasillos, como hacíamos cuando estábamos casados. Sabía que sus atenciones me fortalecían, pero no quería que se confundiera más ni se volviera a enamorar de mí. Tenía miedo de volver a herirlo. Me armé de valor y le dije que no quería hacerle daño. Le pedí que dejáramos de vernos... después de todo, él estaba casado. Volví a pedirle perdón por todo el mal que le hice. Yo continuaría aceptando mi castigo. Lo besé y le dije adiós. Los bellos momentos de mi vida fueron con él.

Me dieron de alta y a los pocos días me llamó con una propuesta que me ofendió, pero no se lo dije. Su idea era que él no dejaría a su esposa, pero yo solo saldría con él y no volvería a ver a Franklin. Entonces él me daría todo lo que mis hijos y yo necesitáramos. Esto último fue un tanto cómico, pues ya mis hijos eran adultos. Pensé que me merecía esa ofensa y mucho más. Le contesté que nunca sería su amante y le agradecí por el amor que siempre me tuvo. Le dije que él nunca me olvidaría porque yo fui su primera esposa y siempre estaré en su corazón. Le pedí que no me llamara más, pero él me seguía en Facebook, estaba pendiente por ahí, entonces tomé la decisión de bloquearlo, no volví a saber de él hasta varios años después.

Vueltas y más vueltas

Se me había herniado un disco en el cuello, que me estaba afectando mucho. El neurocirujano determinó que era necesario someterme a cirugía. Una semana antes de la operación, mi problema intestinal se agravó y tuvieron que hacerme una cirugía de emergencia. Era como un chiste cósmico, llamé al neurocirujano y me dijo que en una semana podían operarme del cuello. Daniel y su mejor amigo me llevaron al hospital para esta cirugía. Les pedí que se fueran, pero ellos quisieron quedarse. Cuando me preguntaron si deseaba que hicieran todo lo posible para resucitarme en caso de ser necesario, respondí que no; he estado cansada de esta vida por largo tiempo y veía como buena cualquier oportunidad para librarme de ella.

Me hicieron una incisión en la parte delantera del cuello y no hubo complicaciones durante el procedimiento. Las complicaciones fueron semanas después cuando me di cuenta de que mi voz había cambiado. Me hicieron pruebas que reflejaron que una de mis cuerdas vocales se había atrofiado, era una de las posibles complicaciones. Ya más nunca cantaría... poco a poco, la vida me estaba quitando todo lo que disfrutaba.

Me dieron de alta y regresé al motel con Daniel. Mi hijo estaba deprimido, odiaba su trabajo y estaba cansado de la situación que vivíamos, pero igual me cuidaba con mucho amor. Pasé bastante tiempo en cama, dos cirugías invasivas en dos semanas fue demasiado para el cuerpo. No quería hablar con nadie ni mucho menos aceptar personas en el cuarto, algo dentro de mí estaba mal.

Durante este proceso, comencé a comunicarme por Facebook con una mujer que estaba pasando por una situación más fuerte que la mía. Yo la escuchaba, le daba consejos y sentía tristeza por su sufrimiento. Me contó que hacía un año habían secuestrado a una de sus hijas en Puerto Rico. Mientras la torturaban y la mataban, los secuestradores habían marcado su número de teléfono para que ella escuchara todo. Quedó muy afectada de los nervios luego de escuchar cómo mataron a su hija. Su cumpleaños era en cuatro días y se escuchaba muy deprimida. Me sentí mal y decidí viajar a Puerto Rico para acompañarla, a pesar de que todavía no estaba del todo recuperada de mi última cirugía.

Le conté a mi hijo Daniel la historia de esa pobre mujer y él se ofreció a llevarme al aeropuerto. Esperaba que ella se sintiera mejor al ver que una persona se preocupaba sinceramente por su situación, pero una inquietud me sobrecogió en el aeropuerto. Oré pidiendo que el viaje solo se diera si era para bien. Después de eso dejé de creer en Dios.

Al llegar a Puerto Rico ella estaba esperándome en el aeropuerto con su hija mayor. A la que habían matado era su hija menor. Era un día de elecciones en Puerto Rico, cuando ganó Fortuño. Sus padres, con quienes vivía junto con sus dos hijas, se sorprendieron al ver que su hija tenía una amiga. Ella me hablaba de un amigo policía que sus hijas querían mucho, ya que él las llevaba a los bailes de la escuela, y les pedía a sus compañeros que siempre dieran la ronda por su casa.

Llegaron a la casa dos hombres más o menos de nuestras edades, ella me presentó a su amigo el policía, Fernando, y a otro amigo que jocosamente le decían el extraterrestre porque él creía que existían. Eran muy divertidos, salimos a la gasolinera en donde ellos seguían payaseando, entonces me dicen que el apodo de Fernando era Travolta porque siempre lo imitaba en sus bailes.

Cuando regresamos a su casa, mi amiga me invitó a quedarme allí en lugar de irme a casa de mi abuela. Pasamos la noche hablando de su depresión, yo me sentía bien ayudando a alguien a sentirse mejor y a la vez me olvidaba de mi propia crisis. Poco a poco, se fue revelando la verdad sobre mi amiga. Salimos una noche y noté que se había emborrachado demasiado rápido. Sospeché que había tomado algo más que alcohol. Le pregunté y me dijo el nombre de un narcótico fuerte contra las migrañas. Estaba tan embollá, como digo yo, que tuvieron que acostarla en el carro y nos fuimos del lugar.

Una vez llegamos a su casa y le dieron algo de comer, comenzó a sentirse mejor. Me pidió un abrazo porque se sentía muy mal y yo accedí, sentía mucha compasión por todo lo que había pasado con la muerte de su hija. Ella aprovechó el momento para intentar besarme. Di un brinco y le dije que a mí no me gustan las mujeres, que respetaba las preferencias sexuales de los demás y esperaba el mismo respeto.

Los padres de ella eran muy atentos, al igual que sus tres hijas, amables, pendiente de que yo comiera, pero con ella eran un poco groseros. Eso me dio mala espina. Para completar, la acompañé a una farmacia cerca de su casa supuestamente a buscar una receta, pero el farmacéutico (que era amigo de ella) le despachó un narcótico sin una receta médica. Paramos en la gasolinera y allí se tomó dos pastillas con soda. Al regresar yo esperé el momento adecuado para hablar con sus padres y comencé diciéndoles que sentía mucho la pérdida de su nieta y de la forma que la perdieron. Me miraron confundidos y me preguntaron qué me había contado su hija.

Les dije todo lo que ella me contó y que por eso había viajado a Puerto Rico, para animarla y hacerle compañía en su cumpleaños. Su madre me aclaró que nadie había muerto, que las hijas que yo vi eran sus únicas hijas. Anteriormente ella le hizo la misma historia a otra persona. Resultó ser que esta mujer sufría problemas mentales y de adicción. Quedé boquiabierta y decidí salir de allí lo antes posible.

Ella se molestó porque decidí irme súbitamente y hasta le pedí a una amiga de Puerto Rico que me hiciera el favor de llevarme a casa de mi abuela. Por nada del mundo la iba a enfrentar con la verdad, le había cogido miedo y la quería lejos de mí.

Fernando

Cuando llegamos a casa de mi abuela, no había nadie. Llamé a la hermana de mi abuela y resultó ser que estaban en el casino. Mi amiga no podía acompañarme porque estaba estudiando para exámenes finales. Recordé que Fernando, el policía, me había dado su número de celular. Lo llamé y accedió a buscarme para llevarme al casino donde estaba mi abuela. Se quedó conmigo paseando por el hotel, yo tenía dieciocho años la última vez que había ido a ese hotel y fue con Emilio. Le dije a mi abuela que para que su hermana no tuviera que desviarse, Fernando nos haría el favor de llevarnos a la casa.

Llevaba varios años separada de Franklin, ya había pasado por mi duelo, pero Fernando justo estaba pasando por ese proceso. Me habló de sus hijas y me mostró fotos de sus niñas y de su aún esposa. Se estaba quedando en casa de su mamá en lo que conseguía un apartamento. Lo que pasó de aquí en adelante fue mi culpa y lo tengo bien merecido por haberme involucrado con un hombre que todavía no había superado la separación de su familia.

Esa noche Fernando me dio un beso. Reaccioné con escepticismo, le dije que era muy pronto para él porque recién se había separado. Él insistió explicándome que era la segunda y última vez que se separaba, la decisiva. Sentía dolor por sus hijas, pero la convivencia con su esposa ya se había degradado al punto de que se faltaban el respeto mutuamente. La Policía lo había desarmado hasta que se arreglara la situación. Esta fue la primera señal de alerta que decidí pasar por alto.

Regresé a Florida, él me llamaba a diario varias veces al día, incluso se quedaba dormido hablando conmigo por teléfono. Mientras tanto, Daniel lidiaba con su depresión saliendo con sus amistades siempre que podía. Me sentía sola en una extenuante tristeza. Comencé a tener el síndrome del nido vacío. La próxima parte de mi relato fue lo que más me destruyó, lo que me tiene sumida en la depresión absoluta. Pido perdón a mis hijos todos los días en la distancia, desde mi interior, por haberlos herido tan profundamente al abandonarlos por un hombre. Nunca me lo perdonaré, no paso un día sin llorar.

No es fácil para mí explicar la relación con mi esposo sin ofenderlo a él o a su familia. Trato de que no le duela tanto escuchar las verdades que tengo que decir. Nuestra relación es la más tóxica y dolorosa de todas y siempre que intento contarlo me bloqueo porque es lo que aún continúo viviendo y una de las razones por las que todas las noches pido que no haya un nuevo día para mí.

Cuando su aún esposa lo llamaba, él se ponía nervioso y hasta la llamaba "mi amor" en mi presencia... otra señal de alerta. Un día estábamos transitando por una avenida principal en Puerto Rico. Noté que nos seguía un auto y él me dijo que era la loca de su esposa. Y sí que estaba loca porque trató de chocarnos para que cayéramos al vacío desde uno de los puentes. Pasado este evento, ella tuvo el atrevimiento de ir al cuartel donde trabajaba Fernando para acusarlo a él de lo que ella hizo. El capitán me llamó para conocer mi versión de la historia y me creyó, por lo que desestimaron la querella.

Cuando comenzamos a vivir juntos, ella lo denunció por no pagar manutención, pero ni siquiera se habían tramitado los documentos de divorcio. Terminó preso y su hermana de crianza, quien siempre ha sido un ángel en nuestra vida, pagó la fianza para sacarlo. Para ser sincera, ahora comprendo por qué esa mujer lo odiaba tanto y su afán de vengarse. Fernando me había prometido que nos casaríamos cuando se finalizara el divorcio, pero luego se retractó porque quería disfrutar de su soltería. Esta fue mi tercera señal de alerta, pero ya no había marcha atrás. Mi hijo Daniel había rehecho su vida y estaba tan sentido conmigo que no me quería a su lado.

No pasó ni un mes de su divorcio cuando me enteré de que tenía un celular adicional para comunicarse con sus nuevas conquistas. Le dije que entregara ese teléfono si no quería que lo dejara y verse obligado a regresar a casa de su mamá. Al poco tiempo, escuché su celular sonar y vi el nombre Ainos. ¿Tan estúpido era este hombre? Fui al cuarto y le pregunté quién era Sonia. Se puso nervioso y me dijo que era una compañera. Cuando le increpé por qué tenía el nombre al revés, su tartamudeo lo delató. Amenacé con denunciarlos en el cuartel y al otro día ella se fue al cuartel que le correspondía. Estuve a punto de hablar con su esposo, pero, como siempre, entre lágrimas falsas, Fernando me prometió que no volvería a pasar.

Sus infidelidades me ponían en un estado de ansiedad que me provocaba ataques de asma emocional. Varias veces estuve hospitalizada por esta razón, algo que nunca antes me había pasado. Durante una de estas hospitalizaciones, le decía a Fernando que no se quedara mucho tiempo en el hospital, pues él tenía que descansar para poder cumplir con sus dos trabajos. Siempre trataba de considerar sus necesidades, pero él no pagaba con la misma moneda. Cuando me dieron de alta, le verifiqué el teléfono y vi varias conversaciones con una señora con quien salía. Lo más doloroso fue que en uno de los mensajes decía que quería verla y ella le preguntó qué haría conmigo. Su respuesta fue que no se preocupara, que yo estaba hospitalizada. Fue una estocada mortal para el amor que le tenía. Todo cambió después de ese día.

Ya sabía que un mujeriego, mientras tenga fuerzas, siempre será mujeriego. Estaba de nuevo presa en una mala relación y no tenía a dónde huir. Como si no faltaran las situaciones difíciles, Franklin consiguió mi nuevo número de celular y empezó a llamarme casi a diario. Primero pidió hablar con Fernando a fin de pedirle permiso para que yo pudiera cantar con él en Puerto Rico, pero al final desistió de la idea porque su esposa sentía celos de mí.

Finalmente se separaron y entonces comenzó a llamarme todos los días. Dizque se había divorciado porque su esposa le había sido infiel con el guardia de seguridad del complejo donde vivían, pero sabía que me mentía. Lo conocía bien y seguramente la situación era al revés. En su voz no había sinceridad, dolor ni pena por su divorcio. Trató de convencerme de que dejara a Fernando y regresara a Florida. Me decía cuánto me extrañaba, que nunca había dejado de quererme. Le dije que eso nunca iba a pasar, la historia se había repetido tres veces y no tenía ningún interés en revivirla. Él no sabía lo que era amar. Tanta fue su insistencia, que no me quedó más opción que cortar todo lazo con las personas que teníamos en común y bloquearlo en mi teléfono y redes sociales. Entonces sí cerré ese capítulo agridulce lleno de triunfos profesionales, pero en el que reinaron las fatalidades. Hoy en día puedo decir que no le guardo ningún resentimiento, le agradezco que apoyara mis sueños, él fue quien me ayudó a salir de la anorexia y en cierta forma con él viví una vida de aventura.

Había pasado un tiempo desde la última infidelidad de Fernando y creía que todo estaba bien. No teníamos mucha intimidad porque temía contraer una enfermedad venérea. Le exigía que usara condones y cuando me hospitalizaban siempre pedía que me hicieran las pruebas de todas las enfermedades de transmisión sexual. De repente, cada dos semanas, tenía entrenamiento los viernes y resultaba que el sargento siempre le pedía quedarse pasada la hora de salida. Esa fue su jugada durante nueve meses hasta que comencé a sospechar. Volví a mirar su celular, y descubrí una conversación con un amigo suyo que era dueño de un motel. Hacía los arreglos para separar un cuarto.

Increíble pero cierto, una pobre mujer viajaba desde Ponce para verlo. La llevaba a pasear, tenían sexo y se tomaban selfis. Vi que en una de las fotos llevaba puesta una camisa que yo le había regalado. Del coraje, la rompí y la eché al zafacón. Lo más frustrante para mí es que no era una mujer que se viera mejor que yo, era fea y obesa. Sin embargo, hasta me dio pena con ella porque le creía todas las mentiras que él le decía sobre su familia y en dónde vivía, que no podía llevarla a su apartamento porque lo compartía con unos compañeros de trabajo. ¿En serio le creía?

Ese fin de semana teníamos una actividad con su familia materna. No quería ir, pero me insistió. No lo dejaba en paz, quería detalles de todo y que me lo dijera a la cara, pero él se negaba y decía que iba a terminar la relación con ella. Fue difícil estar en esa reunión donde todos me decían lo afortunada que yo era de estar con Fernando. La cabeza me quería explotar, me mordía la lengua para mantenerme callada, pero en la mente gritaba que él era un maldito. Cuando terminó la reunión familiar en la que Fernando era un oasis en el desierto, casi un santo, le pedí su celular tan pronto nos montamos en el carro... mi intuición me decía que todavía estaba mintiendo. Su mamá nos acompañaba, esa noche ella se dio cuenta de los pantalones que yo tenía.

En los mensajes de texto la amante le preguntaba cómo le había ido con su familia y qué lástima que era un evento exclusivamente familiar y ella no podía ir. Respondí el mensaje diciéndole que la pasamos divino junto con mi suegra. El teléfono sonó de inmediato y ella me preguntó quién era yo y por qué tenía el celular de Fernando. Lo primero que dije fue que el celular era mío porque la cuenta estaba a mi nombre, que me dijera primero quién era ella. Bendito, ella pensaba que era su novia, y tal vez lo era, pero entre muchas otras. Le dije riéndome que la lista era extensa y que teníamos un problema porque yo era su esposa y hasta mi suegra estaba con nosotros en el carro. Le grité que era una estúpida, que nunca había conocido a una mujer que le creyera a su supuesto novio de nueve meses tantas mentiras. Le dije muchas cosas. ¿Cómo es posible que nunca lo enfrentaras? No te presentó nunca a su familia, ni siquiera al perro que tenemos. No se ahorró el dinero de motel llevándote a su supuesto cuarto que tenía en el apartamento que compartía con sus compañeros. No se preguntó por qué era ella la que tenía que siempre viajar para verlo, él nunca gastó gasolina para ir a Ponce. Le recalqué que su amado novio era un mujeriego, un mentiroso compulsivo.

Cuando Fernando se fue para su trabajo nocturno, le dije que se llevara mi celular, y yo me quedaría con el de él. Sabía que ella lo iba a llamar y así fue. Respondí y le dije que aparentemente era sorda o estaba idiotizada. Le dije que no podría llamarlo más porque al otro día íbamos a cambiar su número de teléfono, que tuviera dignidad y se olvidara de ese infeliz que nada más la haría sufrir como a mí. Qué suerte tenía que podía alejarse de él. A diferencia mía, ella tenía a dónde ir. Solo sentía desprecio por él, sin importar sus intentos hipócritas de conseguir mi perdón.

Al poco tiempo, me hospitalizaron tres meses por una obstrucción intestinal. También se me activó el asma por el calvario que estaba viviendo. Era necesario operarme, pero la cirugía tuvo que cancelarse porque tenía coágulos alojados en el abdomen. Yo pensaba que estaba engordando y hasta me había comprado ropa interior nueva porque la vieja me apretaba al punto del dolor, pero no me imaginaba que eran coágulos.

Le comenté al neumólogo que al apoyarme en la cama sobre el costado derecho se me dificultaba respirar. Me hicieron radiografías y, tan pronto las evaluó, ordenó que no me moviera de la cama, pues tenía agua en los pulmones y coágulos moviéndose en esa dirección. Estaba atada a la cama batallando con una obstrucción intestinal, coágulos, agua en los pulmones, septicemia y anemia de células falciformes. Sin contar que mi cuerpo estaba rechazando las transfusiones de sangre, lo que indicaba que tenían que usar mi mismo tipo de sangre. Se pidieron donantes hasta por las redes sociales y, afortunadamente, pudieron encontrar personas compatibles conmigo.

Para ser justa, durante esos tres meses Fernando estuvo pendiente de mí. Hasta pidió un permiso especial en su trabajo para que lo dejaran ir dos veces al día y poder verme en intensivo. Mis hijos me decían que debía darle crédito por el esfuerzo que estaba haciendo, que algún amor debía sentir en su complicado corazón si no me abandonaba en esa situación. Mi abuela, por otra parte, sufrió mucho mi larga hospitalización, tanto que su corazón se vio afectado y tuvo que someterse a cirugía de corazón abierto. Me salvaron la vida, pero entonces la de mi abuela estaba en peligro, me sentía culpable por haberme enfermado, sentía que yo era la fatalidad de mi abuela.

A los dos o tres años de estar viviendo con Fernando, comencé a tener dolores que solo puedo describir como corrientes eléctricas que comienzan en la espalda baja y rompen en la cabeza dejándome sorda y ciega por varios segundos. De noche gritaba como loca, no sabía lo que me pasaba. Fernando me quería llevar al médico, pero le decía que terminaría en psiquiatría porque lo que sentía era surreal.

    Llegó el momento en que me pidió que me fuera con mis hijos porque él ya no soportaba mis gritos de dolor. La verdadera razón no era lo que me pasaba, él tenía otra amante que había conocido en la farmacia del barrio. Ella también estaba casada y se veían cuando él salía del trabajo. La llamé para decirle que se podía quedar con él, que yo estaba cansada de aguantar sus infidelidades, pero antes iba a hablar con su esposo. Ella no lo quería, al siguiente día lo había bloqueado. Insulté a Fernando de todas las maneras posibles, le dije que era peor que Franklin porque al menos con él realicé sueños y volé libremente. Lo que me pedía era imposible. Cómo regresar con mis hijos si ellos estaban dolidos porque decidí mudarme a Puerto Rico por él, se sintieron abandonados por mí una vez más. Además, quién carajo se creía él para decirme que estaba cansado. Cansada estaba yo de sus infidelidades, que como tonta le perdonaba. En nuestra relación de diecisiete años le he perdonado más infidelidades que las que le perdoné a Franklin, pero todo lo tomaba como un castigo merecido, es tanto lo que me odiaba a mí misma, a la vida. Odiaba vivir en Puerto Rico.

> # El síndrome que me aqueja

Decidí hablar con una doctora que acababa de abrir su propia oficina. Le pedí que no me mandara a un hospital psiquiátrico por lo que estaba a punto de contarle. Escuchó mis síntomas. Además de las corrientes eléctricas, no podía vaciar bien la vejiga y no podía controlar los intestinos. Ordenó un MRI que reveló que no estaba loca, tengo una enfermedad conocida como síndrome de cauda equina, y me explicó lo que es.

El síndrome de cauda equina (CES, por sus siglas en inglés) es un trastorno raro diagnosticado en 1 de cada 370 pacientes que presentan dolor de espalda. Se ven afectados ciertos nervios espinales y el final de la médula espinal, conocida como *conus medullaris*. En sí misma, la cauda equina es una colección de raíces nerviosas responsable del movimiento de las extremidades inferiores, la sensación de las extremidades inferiores, el control de la vejiga, el control del esfínter anal, la sensación perineal y la sensación coccígea. Las definiciones pueden variar, pero el síndrome generalmente se presenta como dolor de espalda acompañado de otros síntomas, entre ellos dificultad para vaciar la vejiga, no poder controlar los intestinos, dolor o adormecimiento en el área del asiento, disfunción sexual y déficit neurológico de las extremidades inferiores. Las causas de esta enfermedad también son variadas. En Puerto Rico no se habla mucho sobre este síndrome, hay personas que tienen los síntomas y no reciben la ayuda que necesitan. Muchos no entienden lo que les pasa y hasta los tratan como si fueran adictos.

A diferencia de muchos otros pacientes con CES, yo fui bendecida de encontrarme con buenos médicos que conocían esta enfermedad. Llevo trece años viviendo con el síndrome. Decidí que era necesario educar sobre el tema en Puerto Rico y dar a conocer lo que sufren los pacientes por no tener los tratamientos adecuados. En aras de difundir la información y concienciar sobre esta enfermedad, fundé la corporación Cauda Equina PR. Más que nada, la intención es ayudar a quienes no saben qué hacer. En salas de emergencia en Puerto Rico, cuando me preguntan de qué padezco, ha habido médicos y enfermeras que me preguntan qué es eso. ¡Increíble!

Lo que se sufre con este síndrome no es lo mismo que un dolor agudo. Tampoco es psicosomático ni una indicación de vagancia. No es igual para todos, así que no es predecible. Los pacientes no buscan atención ni son adictos a medicamentos contra el dolor. Definitivamente no es culpa nuestra ni es nuestra imaginación. Es un diagnóstico complicado que empeora y para el cual no hay cura en muchos de los casos.

Algunos días estoy de mal humor, pero es porque estoy lidiando con dolor crónico por el resto de mi vida, me preocupa mi futuro. Hay días que no puedo salir de la cama, pero me obligo a hacerlo porque me siento culpable de mi situación, extraño a la persona que era antes, continúo sonriendo entre lágrimas y dolor. Cuando me preguntan cómo estoy, digo que estoy bien, aunque sea el peor día de la semana, es extremadamente extenuante y puede ser una vida solitaria.

Si algo puedo aconsejarles a las personas que tengan cerca a alguien con CES o cualquier otra enfermedad crónica, es no juzgar ni dar remedios ni concluir que se trata de una depresión. Nadie puede entenderlo a menos que lo experimente y nadie quiere tener esta experiencia.

También es importante repensar la accesibilidad. No es fácil participar de eventos sociales porque no podemos estar fuera de nuestros hogares un día entero. En mi caso, por ejemplo, cuando tengo que salir no bebo ni como nada antes ni durante la salida por temor a que mis intestinos se vacíen en público sin yo poder controlar la situación. Otro asunto es que no todos los lugares tienen accesibilidad para un carrito eléctrico, vital para mi movilidad. Además, estar alrededor de mucha gente me expone a infecciones y bacterias, pues mi sistema inmunitario no es fuerte. Quien no sepa cómo tratar a un amigo o familiar con una enfermedad como esta, simplemente puede preguntar cómo puede ayudar.

Con el paso del tiempo, el dolor crónico puede afectar el cerebro por la constante actividad en áreas donde el cerebro normalmente está descansando. Cambia la forma en que el cerebro procesa información, esto explica por qué los que sufrimos dolor constante padecemos de otros síntomas, como ansiedad, depresión, trastornos del sueño y dificultad para tomar decisiones. Muchas personas con el síndrome de cauda equina o con cualquier dolor crónico podrían expresar que no desean vivir así. Esto no significa que en verdad quieran morir, significa que han llegado al nivel de dolor más alto que pueden aguantar. Desear terminar con el dolor no es lo mismo que ser suicidas.

Para mí fue como una sentencia de muerte. Los neurocirujanos no querían operarme debido a que, por las cirugías previas, el remedio podía ser peor que la enfermedad. Ya no podría ser azafata ni bailar. El pronóstico era vivir en soledad, perder amistades que no entendían por qué no podía tomar un analgésico ni dejar de quejarme. Fernando se enojaba conmigo porque, al no poder controlar mis intestinos, tenía accidentes en cualquier lugar, sobre todo en el carro. Me gritaba porque no le avisaba que tenía que usar el baño. Sumamente avergonzada, le decía que no lo sabía, fue un proceso de aprendizaje tedioso y doloroso. Fue duro el aislamiento, llorar constantemente porque no tenía para dónde ir, mientras Fernando tenía toda la libertad para seguir mintiéndome y saliendo con otras mujeres.

Nos distanciamos tanto que me acostumbré a vivir con él, pero sin su presencia. Si estaba en la casa, nos hablábamos lo necesario, pero ya no compartíamos como pareja y hasta el día de hoy a veces se me hace difícil conectar con él.

De cara al futuro

Fernando aprendió sobre el síndrome y es consejero de cuidadores de pacientes de CES. Me ha sido fiel por los últimos años, pero sé que es porque tiene la autoestima baja, ha engordado y apenas puede pasar el mes porque la pensión alimentaria que tiene que pagar es excesivamente alta. Su exesposa donde le ve los pies le quiere ver la cabeza y ahora entiendo lo que ella me dijo al principio que comenzamos la relación. Fernando es un hombre inmaduro, que siempre hiere a su pareja con infidelidades. Me da rabia que no pude vengarme como lo hice antes con otros hombres. Él nunca ha sufrido una infidelidad y daría lo que no tengo por tal de que lo viviera en carne propia, que llore lágrimas de sangre como lo he hecho yo.

Si hay algo que aborrezco es cuando la gente me habla del gran hombre que tengo a mi lado, la suerte que tengo. Pero él fue mi carcelario. Ahora, después de diecisiete años, él dice amarme profundamente. Es cierto que me hirió hondo y que borró en mí el sentimiento del amor, pero lo quiero mucho y le agradezco sus cuidados y todo lo que hace por mí, el esfuerzo que hace para que seamos felices juntos. Él habla de nuestro futuro, ahora es más comunicativo y me dice constantemente que me ama. La realidad es que ha sido mi mayor apoyo en esta aventura de querer escribir mi historia.

Peleamos mucho porque a veces me hace sentir inválida, cuando lo que necesito es sentirme útil. Eso hace que me aísle más y que la comunicación se dificulte. No presta atención cuando le hablo, la mayor parte del tiempo está despistado. Si le pido que traiga algo, aun mandándole una foto de lo que necesito, él trae lo contrario. A veces siento que le hablo a una pared, se me hace difícil entenderlo. Soy consciente de que tiene muchas preocupaciones, hay días en que no puedo evitar decirle que no perdono ni olvido ninguna infidelidad, me trato de controlar porque sé que quien está hablando es la vieja Anne, también es una reacción de autodefensa por el dolor constante que me causa la cauda equina. Le digo que no confío en él y siempre sospecho de lo que está haciendo, pero esto es lo que le toca por cómo actuó en el pasado... todo lo que hacemos, bueno o malo, tiene consecuencias en esta vida.

Un poco antes de la época del COVID, me encontraba muy enferma por mi trastorno de la sangre. Estaba bajando de peso y el asma me estaba volviendo loca. Pensé que si no iba al médico por fin podría despedirme y no sentir más dolor. Una noche tuve un sueño con Rey, yo sentía que estaba abandonando mi cuerpo y me sentía feliz. Me decía a mí misma que simplemente me dejara ir, era una sensación de libertad. De momento veo que viene Rey peleando con alguien para defenderme. Le dije que lo dejara, que quería irme, pero él respondía que había prometido cuidarme hasta la muerte, que él daría su vida por mí. Yo peleaba y le decía que me dejara ir y él se negaba. Desperté en llanto, con el pecho oprimido. Algo me decía que intentara buscarlo en Google y vi su obituario. Me descompuse completamente, lloraba con un dolor desesperante, preguntándome por qué me visitó en sueños y sufriendo porque un buen hombre ya no estaba en esta tierra.

Después de ese sueño, me hicieron otras pruebas y todo salió normal. Pensaba en Rey, soñar con él me ayudó a mejorar, pero no dejaba de llorar, lo tenía constantemente en la mente. Fernando no entendía lo que me pasaba y yo no le decía, se dio cuenta cuando subí una foto de Rey a Facebook y hablé de su partida. Hasta mis hijos se sintieron tristes por su muerte.

Llegó el COVID y decidimos mudarnos a casa de mi abuela para hacerle compañía. Decidimos comprar su casa para que pudiera tener dinero y disfrutar los últimos años de vida que le quedan. Por razones burocráticas, era mejor que nos casáramos, pero yo no quería casarme. Fernando insistió tanto que accedí, pero en realidad no quería hacerlo porque siempre he tenido la idea de huir de esta relación dañada. Al final no cualificamos para la compra de la casa debido a la pensión excesiva que aún paga por sus hijas adultas, así que me casé para nada. Es la primera vez que siento que me casé por no hacer sentir mal a mi pareja.

Fernando nunca le hizo arreglos a la casa de mi abuela y comencé a sofocarme más. Todos los recuerdos de mi infancia y adolescencia resurgieron y más me molestaba seguir viva. Busqué opciones de eutanasia para librarme de este dolor físico y del alma, pero mi médico me pidió que no lo hiciera y que esperara un poco más, quería que le diera la oportunidad de tratarme. Pero la vida ya no es divertida para mí, me siento en mi escritorio a ver cómo la gente pasa por la avenida, manejan un carro, pueden salir a trabajar, tienen familias unidas, son independientes, pueden cantar, bailar, viajar y amar.

Nos mudamos cerca de la playa, la única área que me da un poco de serenidad. Se puede decir que vivo sola porque mi esposo tiene dos trabajos de tiempo completo para poder cumplir con sus hijas y con nuestras necesidades. Duerme de tres a cuatro horas diarias y la brecha se me ha ampliado. Con toda la carga, el cariño que nos tenemos es lo que nos mantiene juntos y nos hace reflexionar o calmarnos después de una discusión. Reitero mi agradecimiento por todos sus cuidados durante mi enfermedad. Con él aprendí a afrontar las situaciones y problemas, ya no pienso en volar, me quedo y lucho por nuestro matrimonio.

Lo que sembré en mi juventud lo estoy cosechando ahora, todo lo malo que hice, las venganzas, la soledad que les impuse a mis hijos mientras yo lograba mis sueños, mi egoísmo, todo lo estoy pagando. Corrí tanto para nada, lo que logré se desvaneció. Daniel no ha vuelto a llamarme después del día de Acción de Gracias, y David, bueno ese hace mucho tiempo que no me llama.

Ahora a mis sesenta y un años reflexiono sobre cómo viví y me doy cuenta de que no supe amar. Lastimé a muchas personas que se cruzaron en mi camino. Fui una persona narcisista, egoísta hasta con sus propios hijos. No supe cuidarlos, les hice un gran daño psicológico. Me arrepiento de corazón y me duele que a unos hijos tan dulces y excepcionales les tocara una madre como yo. Pido perdón a todas las personas que se cruzaron conmigo porque sé que las herí de una forma u otra.

No es saludable tener una mentalidad como la que yo tuve. Si mi relato hace que alguien detenga sus conductas egoístas y vengativas, habré hecho un bien. La alternativa es una eternidad de culpas, soledad y malestares. Y no se vale culpar a otros. Durante mucho tiempo puse la excusa de que mis acciones fueron el resultado del hogar en el que nací, pero cada cual decide cómo vivir su vida y a conciencia trazamos nuestro camino. Cultivé odio, venganza y rencor, y el fruto es no poder disfrutar de mi cuerpo ni de mis hijos.

Soy la autora de las fatalidades en mi vida y en la niñez de mis hijos. Puse mis metas por encima de todos, mi voluntad siempre fue más importante. Espero que mi historia ayude a alguien a ser una mejor persona, que presente la oportunidad de enmendar su vida antes de que se dicte la sentencia.

www.ingramcontent.com/pod-product-compliance
Lightning Source LLC
Chambersburg PA
CBHW051101230426
43667CB00013B/2398